100 Melhores Sucos e Vitaminas

100 Melhores Sucos e Vitaminas

Ingredientes essenciais para uma vida saudável, incluindo 100 receitas revigorantes

DCL
DIFUSÃO CULTURAL DO LIVRO

Publicado originalmente por Parragon Books Ltd.

Projeto gráfico: Talking Design
Fotografia: Günter Beer
Economia doméstica: Stevan Paul
Receitas adicionais e texto: Linda Doeser
Editora: Áine Menassi
Assistente editorial: Jeferson Máximo
Gerente de arte: Clayton B. Torres
Tradução: Vivi Mortara
Produção editorial: Casa de Ideias

Impresso na China

Dados Internacionais de Catalogação na Publicação (CIP)
(Câmara Brasileira do Livro, SP, Brasil)

100 melhores sucos e vitaminas / [Equipe Love Food ; tradução de Vivi Mortara]. -- São Paulo : DCL, 2011.

Título original: 100 best smoothies and juices.
ISBN 978-85-368-1129-1

1. Receitas 2. Sucos de frutas 3. Sucos de vegetais 4. Vitaminas (Bebidas) I. Parragon Books.

11-07416 CDD-641.875

Índice para catálogo sistemático:
1. Sucos e vitaminas : Receitas culinárias 641.875

Notas ao leitor

Medidas em xícara seguem padrão americano, e são sempre xícara de chá. As colheres são sempre rasas: calcule 5 ml para colheres de chá e 15 ml para colheres de sopa. Caso nada em contrário seja mencionado, leite será considerado integral, ovos e legumes em unidades, como por exemplo, batatas, serão médios e pimenta será pimenta preta moída na hora.

Os tempos mencionados são aproximados e servem apenas como guia. O tempo de preparo difere de acordo com as diferentes técnicas utilizadas e o tempo de cozimento pode variar. Ingredientes opcionais, variações e sugestões de como servir não foram incluídos no cálculo.

Crianças, idosos, grávidas, convalescentes e portadores de doenças crônicas devem evitar receitas que contenham ovos crus ou levemente cozidos como ingredientes. Grávidas ou lactantes devem evitar amendoins ou derivados. Portadores de alergia a nozes ou qualquer outra fruta seca devem ser avisados que produtos industrializados utilizados em algumas receitas deste livro podem conter frutas secas e devem sempre verificar as informações do fabricante contidas na embalagem.

Conteúdo

Introdução

SUCOS DE FRUTAS E BEBIDAS À BASE DE LEITE BATIDO SÃO VELHOS CONHECIDOS. O ESTILO DE VIDA DO SÉCULO XXI, DIFERENTE DO ANTERIOR, DESPERTOU O INTERESSE POR UMA ALIMENTAÇÃO MAIS SAUDÁVEL, SABORES CONTEMPORÂNEOS E SOFISTICADOS, TRAZENDO À NOSSA MESA NOVOS SUCOS E VITAMINAS COM INGREDIENTES FRESCOS E SABORES INUSITADOS.

As vitaminas têm origem no milkshake do século passado, e são descendentes do milk punch, bebida popular no século XVIII. No início, o leite era aromatizado com bebidas alcoólicas, como conhaque e uísque – o milk punch. Depois, passou a ser batido com sorvete, surgindo, assim, o milkshake – leite batido em inglês. Mais tarde, esse leite batido começou a ser misturado a frutas frescas, para enriquecer o sabor. Com a descoberta e o desenvolvimento dos aromatizantes e corantes artificiais, o leite batido com frutas naturais cedeu lugar a uma mistura química que, nem de longe, lembra o verdadeiro sabor natural do morango e da banana e que, para completar, levava adoçantes em quantidades prejudiciais à saúde. Felizmente, veio a moda das vitaminas de frutas, feitas com leite ou outro produto lácteo natural, batidas com frutas frescas, legumes e verduras ou uma combinação deles. Ervas e especiarias também passaram a ser acrescentadas, para enriquecer o sabor, agradando não só adultos, como também crianças e jovens.

Sucos de frutas e, em menor escala, sucos de legumes, sempre foram ótima opção para matar a sede. O suco de laranja, fruta fácil de espremer, era o mais comum e, em geral, servido puro. Às vezes, adicionavam-se ingredientes aos sucos de frutas ou legumes, para dar mais sabor, como algumas gotas de molho inglês no suco de tomates.

Gradativamente, a praticidade do suco industrializado fez com que o suco feito na hora com frutas frescas ficasse ultrapassado. Existe, porém, um aspecto positivo: para conquistar uma fatia maior do mercado, fabricantes começaram a produzir sucos com vários sabores e combinações, por exemplo, uma mistura de frutas tropicais. Hoje, com o nosso gosto por consumir sucos com sabores mais sofisticados, aliado a uma maior consciência das necessidades nutricionais, fez com que os sucos de frutas e legumes, muitas vezes sob a forma de "coquetéis" exóticos voltassem a ocupar seu espaço na culinária doméstica.

Sabemos o que é bom para a saúde, mas isso não quer dizer que sempre fazemos o que é certo. Sabemos, por exemplo, que os nutricionistas recomendam cinco porções de frutas e legumes por dia e a maioria das pessoas reconhece que é importante começar o dia com um bom café da manhã. Contudo, na correria do dia a dia, com os compromissos de trabalho e familiares fica difícil encontrar tempo para fazer compras e preparar refeições saudáveis. As vitaminas e sucos ajudam a resolver esse impasse. Podem ser preparados em poucos minutos, economizando o tempo gasto na cozinha. São ricos em nutrientes e podem ser computados como uma daquelas cinco porções recomendadas. Muitos sucos e vitaminas são verdadeiras usinas de energia, perfeitos para começar o dia fortalecendo o ânimo ou a qualquer hora em que o cansaço aparecer.

Felizmente, os sucos e vitaminas não se encaixam na regra que diz que só faz bem para a saúde o que tem gosto ruim. Pelo contrário, os sabores preenchem a boca, quer sejam doces ou mais fortes e picantes. Adolescentes acham que sucos e vitaminas são "legais", e nem se sentem obrigados a tomá-los como alternativa aos refrigerantes gaseificados e extremamente adoçados; crianças – mesmo as que odeiam legumes e precisam ser enganadas para comer um simples pedaço de fruta – apreciam os sucos e vitaminas coloridos, tão em voga ultimamente. Os adultos, que não querem ou não podem ingerir bebidas alcoólicas, encontram nos sucos uma boa opção em festas e reuniões sociais. Podem ser coadjuvantes importantes em dietas de controle de calorias; ex-fumantes encontram neles uma boa alternativa para evitar a compulsão por doces e balas.

Este livro, dividido em seis capítulos, inclui uma ampla variedade de receitas saborosas, doces e picantes. Consulte a página 15, Explosão de Energia!, para começar o dia com bastante vitalidade ou para preparar uma refeição rápida durante o dia quando o tempo é muito curto. Em seguida, vem Injeção de Saúde!, com receitas para melhorar o bem-estar, além de oferecer uma maneira rápida e prática de revitalizar a aparência e revigorar o espírito. Os sucos e vitaminas desses capítulos ajudam a manter o corpo saudável, são bastante apetitosos e nutritivos e de grande ajuda na convalescença. Para matar a sede, consulte o capítulo Alegria em Sucos!, com tantos sucos deliciosos, coloridos e sofisticados que fica até difícil escolher um deles. No final do dia, quando o cansaço começa a bater, escolha entre os sucos e vitaminas revigorantes, em Pura Energia!. Super Agito! é um capítulo para crianças de qualquer idade, com os velhos milkshakes, favoritos de toda a família, e algumas ideias novas e deliciosas.

Frutas

Embora legumes também sejam usados, as frutas são a base da maioria das vitaminas e sucos.

Maçã: boa fonte de fibra dietética, a maçã contém vitamina A e C. É naturalmente doce e suculenta. Escolha entre as variedades red, gala e fuji, e prefira as que exalam aroma perfumado e não estejam machucadas ou amassadas. Combina com frutas vermelhas, cenouras e outras frutas cultivadas em pomar.

Banana: rica em energia e nutrientes, a banana é também fonte de niacina, riboflavina e potássio, além de conter as vitaminas A e C. Combina bem com frutas vermelhas, nozes e amêndoas, frutas com caroço, como pêssego e ameixa, e outras frutas tropicais. A banana-prata e a banana-ouro são naturalmente doces. Use sempre bananas maduras para preparar vitaminas e sucos de frutas.

Blueberry (mirtilo): agradavelmente doce e suculento, o blueberry é rico em vitamina C e contém ferro. Escolha os mais firmes e brilhantes. O blueberry congelado também pode ser usado no preparo de vitaminas e sucos.

Grapefruit (toranja): um grapefruit contém a dose diária necessária de vitamina C recomendada para um adulto. Apesar de refrescante, o suco de grapefruit chega a ser bem amargo, dependendo da variedade. A sweetie não precisa ser adoçada; as variedades rosa e rubi são, em geral, mais doces do que as brancas. Escolha os frutos firmes e maduros, que são mais suculentos.

Goiaba: contém teor elevado de vitamina C, além de ser boa fonte de niacina e potássio. Existem muitas variedades, todas com sabor agridoce e polpa perfumada. Combinam bem com maçã e outras frutas tropicais.

Kiwi: muito rico em vitamina C, além de conter vitamina E. As sementes são comestíveis. Escolha frutos firmes, mais suculentos. As enzimas do kiwi fazem com que o leite talhe. Combina bem com frutas vermelhas, como morango e framboesa e frutas tropicais.

Manga: boa fonte de vitaminas A e C e também contém betacaroteno. Existe uma infinidade de variedades – a polpa da manga bombay é uma das mais suculentas, além de soltar do caroço facilmente. Quando a manga tiver sabor frutado pronunciado e afundar ligeiramente a um leve toque de dedos, estará madura. Combina bem com melão, coco e outras frutas tropicais.

Melão: vai bem em sucos e vitaminas por conter muita água em sua composição. O de polpa laranja contém mais caroteno, antioxidante que ajuda a proteger contra algumas doenças. Muitas variedades são usadas no preparo de drinks e coquetéis; o cantaloupe e o charentais, ambos de polpa laranja, são bem aromáticos e saborosos. Escolha o fruto mais pesado e com sabor frutado adocicado. Combina bem com frutas vermelhas, como o morango, abacaxi, pepino, hortelã, gengibre e com outras frutas da mesma família, como a melancia.

Laranja: todas as frutas cítricas, inclusive a tangerina e seus híbridos, são bastante ricas em vitamina C. Para sucos, só as laranjas doces devem ser usadas (as variedades mais azedas devem ser usadas para doces e geleias ou molhos salgados). A variedade valência, bastante suculenta e com poucas sementes, é ótima para sucos e vitaminas. A laranja vermelha acrescenta colorido. Evite as laranjas machucadas, amassadas ou ligeiramente murchas, sinal de que contêm pouco suco. Combinam bem com frutas vermelhas, frutas com caroço, como pêssegos, mangas e ameixas e outras frutas cítricas.

Maracujá: fonte de vitamina A e C, tem sabor agridoce. As sementes são comestíveis, porém, se preferir, a polpa pode ser coada. Escolha os frutos mais firmes, ligeiramente enrugados e pesados; não guarde em geladeira. Combina bem com frutas vermelhas e outras frutas tropicais.

Pêssego: fonte das vitaminas A, B e C, é naturalmente doce. Pode ser branco ou amarelo – escolha o de sua preferência. Prefira os maduros (pêssegos não amadurecem depois de colhidos) e consuma em até dois dias. Descasque e tire o caroço antes de usar. Combina bem com nozes, amêndoas e castanhas e com a maioria das frutas, principalmente framboesas.

Pera: fruta de pomar, contém riboflavina, potássio e as vitaminas A e C; existe em grande variedade de formatos e tamanhos. As variedades mais suculentas são a bartlett, packham e red bartlett. Prefira as maduras, porém não muito moles. Combina bem com a maioria das frutas.

Abacaxi: rico em vitamina C, contém uma enzima que decompõe proteínas e, por isso, seu suco funciona como auxiliar na digestão. É doce, com toques de acidez. Existem muitas variedades, sendo o abacaxi pérola e o havaí, as mais conhecidas e comercializadas no Brasil. Quando maduro, é firme ao toque e a folha pode ser puxada facilmente. Não precisa ser guardado em geladeira. Combina bem com melão, coco e outras frutas tropicais, além de especiarias como gengibre e canela e ervas, como hortelã.

Framboesa: boa fonte de vitamina C, niacina, riboflavina e potássio, suas propriedades medicinais são conhecidas há muito tempo. Existem muitas variedades, todas perfumadas e suculentas. Escolha as de coloração uniforme e consuma em até dois dias. Ficam deliciosas com pêssegos, mas também combinam com melão e outras frutas vermelhas.

Morango: é, provavelmente, a fruta vermelha mais popular em todo o mundo. Contém ferro, potássio e as vitaminas B e C. São muitas as variedades, todas doces e suculentas, principalmente quando recém-colhidos. Escolha os frutos maduros, mais firmes ao toque. O morango pode absorver água e ficar encharcado quando lavado em excesso ou deixado de molho por muito tempo. Prefira consumir em até um dia. Combina bem com pêssego, banana, abacaxi e outras frutas vermelhas.

Melancia: contém pequenas doses de vitamina B e C; tem teor bastante elevado de água e sabor refrescante. A variedade conhecida como sugar baby é uma das mais doces. Escolha a fruta firme, que não emita um som oco a uma leve batida. Combina bem com limão, laranja, grapefruit e melão.

Equipamento Recomendado

Em geral, uma cozinha bem equipada já tem quase todos os utensílios usados no preparo de sucos e vitaminas. Não é necessário nenhum equipamento caro e sofisticado, embora existam alguns que podem ser mais rápidos e práticos, facilitando a rotina diária. Lembre-se de providenciar espaço suficiente para guardar todos os utensílios quando não estiverem em uso.

Liquidificador

Provavelmente, o equipamento mais caro usado no preparo de sucos e vitaminas, porém, vale o investimento. Consiste de um copo, acoplado a uma base, onde fica o motor. Pequenas facas presas no fundo do copo giram rapidamente, cortando ou transformando em purê os ingredientes adicionados. Uma tampa removível ou uma tampa com um tubo alimentador possibilita a adição de ingredientes (líquidos, na maioria das vezes) sem desligar o aparelho. A maioria dos modelos tem, pelo menos, duas velocidades e todos os aparelhos domésticos mais modernos têm itens de segurança. Pode ser substituído por um processador de alimentos.

Centrífuga

Embora não utilizada no preparo das receitas deste livro, a compra de uma centrífuga pode vir a ser um bom investimento. Esse aparelho é rápido e eficiente no preparo de grandes quantidades de suco, sem muito esforço. Basta picar as frutas e os legumes em pedaços que caibam na centrífuga, ligar e simplesmente assistir enquanto o suco é automaticamente separado da casca e da polpa, enchendo copos de um saboroso suco. Para alguns modelos, nem é preciso tirar a casca e as sementes.

Tábua de cortar

Reserve uma tábua exclusiva para frutas e legumes e não use para carnes, aves e peixes, uma vez que não é possível fazer uma esterilização completa. Tábuas de madeira, além de decorativas, desgastam menos as lâminas das facas.

Tábuas de polietileno, encontradas em vários formatos e cores, podem ser esterilizadas e até colocadas na máquina de lavar louças. Têm superfícies ásperas que evitam que frutas e legumes escorreguem durante o manuseio.

Espremedor de limão

O tradicional e mais conhecido, de formato arredondado, é mais fácil de usar e mais barato. Um espremedor em formato de cone, que funciona como espremedor de alho, é bastante eficiente.

Descaroçador de frutas

Podem ser mais curtos ou mais longos. Empurre a lâmina circular da ponta para dentro da fruta ou legume e retire o núcleo com a ajuda do cilindro. As sementes das frutas e legumes também podem ser facilmente removidas depois de picar e fatiar, com a ajuda de uma faca.

Ralador

Um ralador padrão, com quatro faces e lâminas em formatos e tamanhos diferentes, serve tanto para ralar e fatiar frutas e legumes quanto para obter raspas de frutas cítricas. Para esse fim, pode-se encontrar um ralador específico para laranjas e limões, de aço inoxidável, resistente ao ácido dos cítricos.

Facas

Uma seleção de facas é fundamental para qualquer tipo de trabalho culinário, incluindo o preparo de bebidas. É melhor comprar separadamente e não um conjunto de facas – segure firmemente cada uma para testar o equilíbrio durante o manuseio. As pesadas, porém, bem equilibradas, são mais eficazes e fáceis de usar do que as mais leves. Uma faca de cozinha, com lâmina larga e ligeiramente curva com 20-25 cm de comprimento, tem várias utilidades e pode ser usada em tarefas mais pesadas, como fatiar frutas e legumes, e em tarefas mais leves, como picar ervas frescas. Uma faca um pouco menor, com 13-18 cm de comprimento pode ser usada para as mesmas finalidades. Uma faca menor, com lâmina em formato semelhante e 8-10 cm de comprimento, é ideal para descascar e cortar frutas e legumes pequenos; útil para preparar ingredientes como laranjas, pêssegos e gengibre fresco para vitaminas.

Guarde as facas em um bloco de madeira apropriado; é melhor não guardá-las em gavetas, pois existe o risco de cortar os dedos ao pegá-las e de danificar a lâmina. Para mantê-las em bom estado, tenha sempre em mãos uma chaira ou pedra para afiar facas.

Peneiras e coadores

É sempre bom manter uma boa seleção de peneiras e coadores de vários tamanhos na cozinha. Para frutas mais ácidas, use peneiras de nylon, pois o metal pode alterar o sabor.

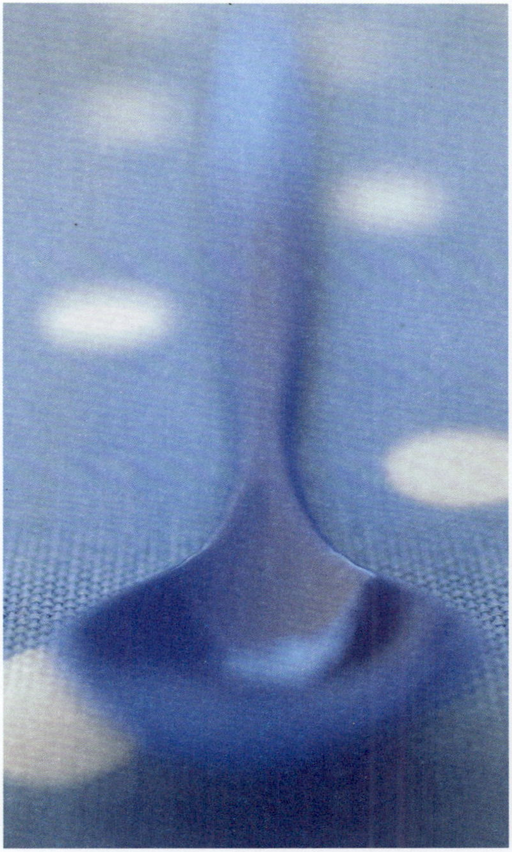

Descascador de legumes

Pode ter vários formatos – arredondado, em V ou em Y, mais longos. Independente do formato, são mais apropriados do que as facas para tirar cascas bem finas de frutas e legumes. Escolha o formato de sua preferência; canhotos devem testar antes ou escolher um descascador apropriado.

Dez Dicas para Fazer os Melhores Sucos e Vitaminas

1 Use ingredientes maduros – quanto mais frescos melhor. Não aproveite uma fruta passada ou machucada para fazer vitaminas.

2 Use frutas e legumes da estação e, de preferência, cultivados na região, em geral, mais saborosos e naturalmente doces.

3 Não manipule as frutas e legumes com antecedência, pois podem perder parte do suco e a exposição ao ar destrói alguns elementos, diminuindo o valor nutricional das vitaminas e sucos.

4 As vitaminas ficam mais gostosas quando servidas frias; porém, acrescentar cubos de gelo pode deixá-las muito diluídas. Conserve leite e outros produtos lácteos na geladeira até a hora de usar. É aconselhável gelar os copos antes. Caso decida adicionar gelo, triture os cubos antes para evitar que danifiquem as lâminas do liquidificador. Para triturar, coloque o gelo em um saco plástico, envolva com um pano de prato e bata com um martelo ou contra uma parede grossa.

5 Quando a receita pedir gengibre ou ervas e especiarias picantes, é melhor errar pela cautela e não pelo excesso. Coloque metade da quantidade pedida, experimente e adicione o restante, se for necessário.

6 Não encha demais o copo do liquidificador; consulte o manual do fabricante para seguir as especificações recomendadas. Caso ultrapasse as medidas recomendadas, o líquido pode transbordar e/ou os ingredientes podem não misturar uniformemente. É aconselhável encher só até a metade, batendo um pouco por vez, se necessário.

7 Para ganhar tempo e garantir uma mistura homogênea, pique os ingredientes em pedaços do mesmo tamanho e pequenos, mas não exageradamente pequenos.

8 Molhe a colher em água quente antes de medir o mel, um dos adoçantes mais usados em vitaminas. Isso garante que uma parte do mel não fique grudada na colher. Faça o mesmo quando for pegar sorvete para milkshakes.

9 Prefira usar ervas frescas sempre que possível. Caso não encontre, substitua por outra erva semelhante ou use ervas congeladas. Ervas secas não dão certo em vitaminas.

10 Não tenha medo de testar variações de uma mesma receita. Tente substituindo diferentes frutas vermelhas, iogurte natural por iogurte com sabor ou, se estiver tentando reduzir o consumo de gordura, leite integral por leite desnatado.

Dez Benefícios de Sucos e Vitaminas

1 Usar frutas e legumes frescos, em perfeitas condições, assegura o total aproveitamento dos nutrientes.

2 Vitaminas e sucos são uma ótima alternativa para aumentar o consumo de frutas e legumes – e, consequentemente, a alimentação de toda a família fica mais saudável.

3 Sucos e vitaminas preparados em casa não contêm aromatizantes, corantes e conservantes artificiais, prejudiciais a crianças e a portadores de alergias.

4 As frutas e alguns legumes, como cenouras e beterrabas, são naturalmente doces, o que ajuda a reduzir a ingestão de açúcar, sem prejuízo de sabor.

5 São de preparo rápido e fácil, além de trazer mais energia e matar a sede.

6 Substituem os produtos industrializados, com mais sabor e custo menor, são mais saudáveis e podem ser adaptados ao gosto de cada um.

7 Podem ser tomados a qualquer hora do dia, do café da manhã até a hora de dormir; um lanche rápido entre refeições muito mais saudável, melhor e duradouro do que batatas chips, chocolate ou biscoitos.

8 Boa maneira para aproveitar pequenas porções de frutas – a última banana ou alguns bagos de uva – desde que estejam em bom estado.

9 Você sabe exatamente o que está tomando, e não será surpreendido com quantidades imperceptíveis de gordura e açúcar.

10 O sabor é fantástico!

Explosão de Energia!

Preparo Rápido

Uma Combinação saborosa perfeita para aqueles momentos em que não nos sentimos muito bem e precisamos repor energias.

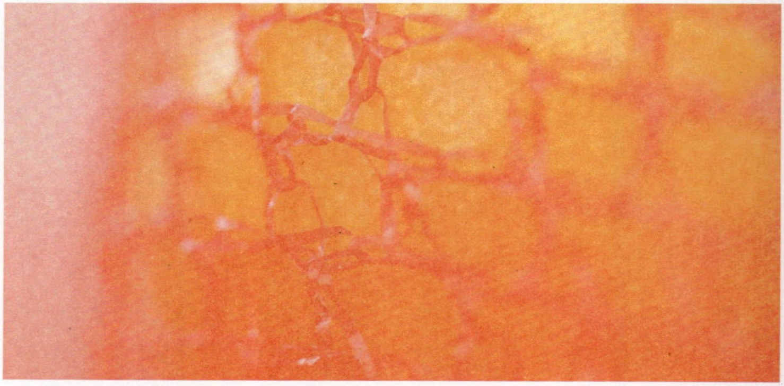

SERVE 1

- 1 LARANJA VERMELHA
- 1 PEDAÇO DE 5 CM DE PEPINO, SEM A CASCA
- 1 XÍCARA DE SUCO DE TOMATE GELADO

Para decorar

TALO DE SALSÃO

Descasque a laranja, inclusive a parte branca. Corte em 8 pedaços. Pique o pepino em pedaços não muito pequenos.

Bata a laranja, o pepino e o suco de tomate no liquidificador ou processador até ficar homogêneo. Transfira para um copo, passando por uma peneira ou coador, decore com o talo de salsão e sirva em seguida.

Ouro Puro

Aparência cansada e dificuldade de concentração? Recupere o brilho e a vitalidade com um poderoso pacote de vitaminas.

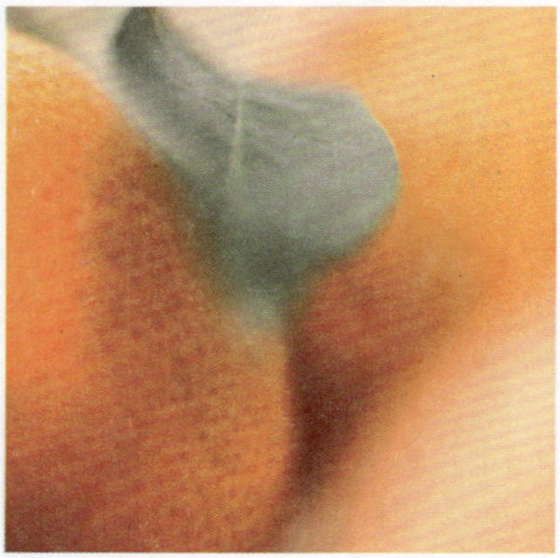

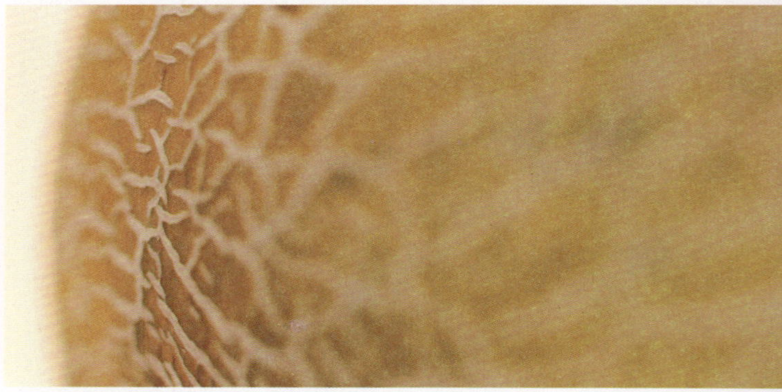

SERVE 1

1 FATIA DE MELÃO CANTALOUPE, PESANDO CERCA DE 125G
SUCO DE 1 LARANJA
SUCO DE 1 LIMÃO
½ XÍCARA DE SUCO DE CENOURA GELADO

Para decorar
FATIA DE LARANJA

Descasque o melão e corte em pedaços. Bata no processador ou liquidificador, com o suco de laranja, o suco de limão e o suco de cenoura, até misturar bem. Transfira para um copo, decore com a fatia de laranja e sirva em seguida.

Milkshake de Banana para o Café da Manhã

Comece seu dia com saúde! Milkshake nutritivo e de preparo rápido, feito com banana, fonte excelente de potássio, importante coadjuvante no controle da pressão arterial.

SERVE 2

2 BANANAS MADURAS
¼ DE XÍCARA DE IOGURTE
½ XÍCARA DE LEITE DESNATADO
½ COLHER DE CHÁ DE ESSÊNCIA DE BAUNILHA

Bata as bananas, o iogurte, o leite e a baunilha no liquidificador ou processador até obter uma mistura lisa.

Sirva em seguida.

Suco para o Café da Manhã

SUCOS DE FRUTAS SÃO VERDADEIROS ENERGIZANTES A QUALQUER HORA DO DIA, PERFEITOS PARA UMA INJEÇÃO DE ÂNIMO NAS PRIMEIRAS HORAS DA MANHÃ.

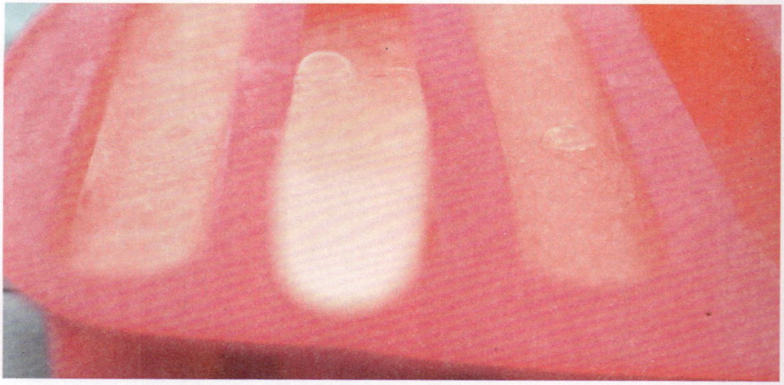

SERVE 4

- 400 G DE GOMOS DE GRAPEFRUIT E LARANJA EM CONSERVA*
- 4 COLHERES DE SOPA DE SUCO DE LIMÃO
- 3 COLHERES DE SOPA DE SUCO DE LIMA
- 2 XÍCARAS DE SUCO DE LARANJA GELADO

Transfira as frutas em conserva, junto com o líquido, para um liquidificador ou processador. Adicione o suco do limão, da lima e da laranja e bata até ficar homogêneo.

Despeje em copos refrigerados e sirva.

* Podem ser encontrados em lojas de alimentos importados ou naturais, em lata ou em vidro.

Suco para o Despertar

EM GERAL, OS LEGUMES NÃO SÃO LEMBRADOS PARA O CAFÉ DA MANHÃ, CONTUDO, ESTE SUCO RICO EM NUTRIENTES É UMA BOA OPÇÃO PARA A PRIMEIRA DAS 5 DOSES DIÁRIAS RECOMENDADAS DE FRUTAS E LEGUMES.

SERVE 1

- 4 TOMATES, CORTADOS EM QUATRO
- ½ XÍCARA DE CENOURA RALADA
- 1 COLHER DE SOPA DE SUCO DE LIMÃO

Bata os tomates, a cenoura e o suco de limão no liquidificador ou processador até obter uma mistura homogênea.

Passe o suco em uma peneira de nylon, pressionando com o dorso de uma colher, até transferir todo o suco para uma jarra ou tigela.
Descarte os resíduos da peneira.

Transfira o suco para copos e sirva.

Vitamina para o Café da Manhã

Comece seu dia com um energizante rico em vitaminas e minerais.

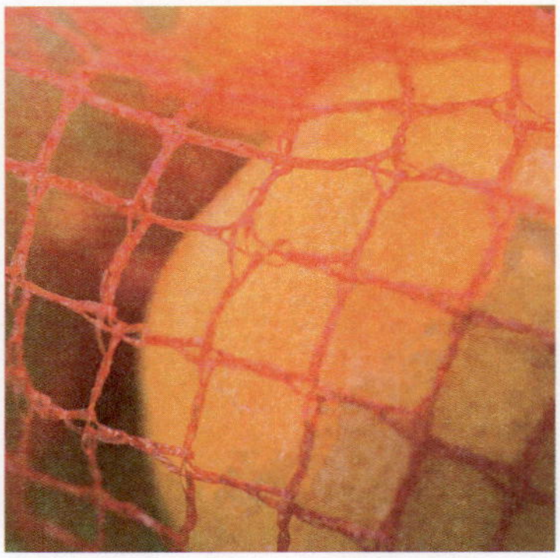

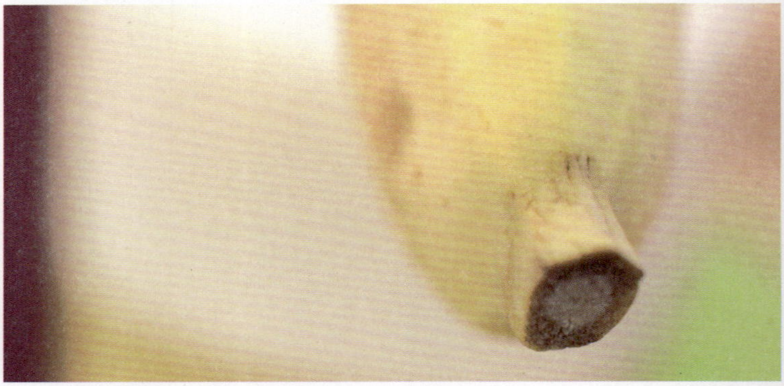

SERVE 2

1 xícara de suco de laranja
½ xícara de iogurte natural
2 ovos
2 bananas, fatiadas e congeladas

Para decorar
bananas pequenas (ouro, por exemplo), inteiras ou em fatias

Bata o suco de laranja e o iogurte no liquidificador ou processador até misturar bem.

Adicione os ovos e as bananas congeladas e continue batendo até obter uma mistura lisa.

Despeje a vitamina em copos e decore com as fatias de banana ou com as bananinhas inteiras. Sirva em seguida.

Doce Despertar

A GRAPEFRUIT SWEETIE E A FRUTA UGLI* SÃO MUITO SEMELHANTES – SÃO FRUTAS HÍBRIDAS MAIS DOCES E MAIS SUCULENTAS, PERFEITAS PARA O CAFÉ DA MANHÃ.

SERVE 2

- 3 GRAPEFRUITS SWEETIE OU 3 FRUTAS UGLI
- ⅔ DE XÍCARA DE ÁGUA MINERAL COM GÁS
- 1 COLHER DE SOPA DE MEL FLORAL (OPCIONAL)

PARA DECORAR

- FATIAS DE LIMÃO OU DE KIWI (SEM A CASCA)
- 2 COLHERES DE SOPA DE IOGURTE NATURAL

Corte as frutas ao meio e esprema o suco em dois copos.

Acrescente a água com gás e o mel (se estiver usando).

Decore com uma fatia de limão ou de kiwi (boiando na superfície) e com uma colherada de iogurte.

* Ugli é semelhante ao grapefruit, porém um pouco mais imperfeita; tem casca grossa e rugosa e polpa amarela ou laranja. É sazonal, produz de dezembro a abril, se distribui na América do Norte e na Europa.

Suco Vibrante

Comece bem o dia com um suco energizante de frutas vermelhas.

Se preferir sabores mais doces, acrescente 1-2 colheres de mel.

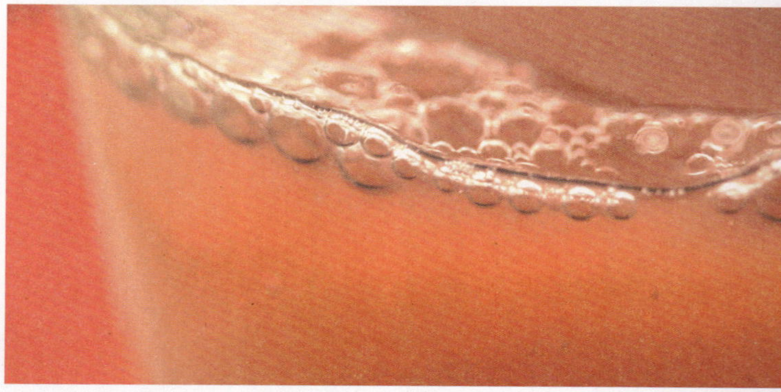

SERVE 2

- 1 ½ xícara de blueberry
- ⅔ de xícara de suco de cranberry (oxicoco)
- ⅔ de xícara de iogurte natural

Bata os blueberries e o suco de cranberry no liquidificador ou processador por 1-2 minutos, até obter uma mistura lisa.

Adicione o iogurte e bata rapidamente, até misturar bem. Adicione mel, se preferir mais doce e bata mais um pouco.

Transfira para copos refrigerados, coloque canudos e sirva.

Vitamina Tropical com Melancia

Escolha perfeita para um dia de verão – aumenta a vitalidade e mata a sede a qualquer hora do dia.

SERVE 2

- 1 fatia de melancia, pesando cerca de 600 g
- 2 bananas pequenas (prata, de preferência)
- 1 xícara de leite de coco

Remova as sementes da melancia, tire a casca e corte em pedaços. Descasque as bananas e corte em fatias.

Bata a melancia, as bananas e o leite de coco no liquidificador ou processador até misturar bem.

Transfira para copos refrigerados e sirva.

Vitamina de Morango e Framboesa

SABOR SEM IGUAL – DUAS FRUTAS VERMELHAS, JUNTAS EM UMA MISTURA DELICIOSA.

SERVE 2-4

- ⅓ DE XÍCARA DE FRAMBOESAS
- ½ XÍCARA DE MORANGOS CORTADOS AO MEIO
- 1 XÍCARA DE IOGURTE NATURAL
- 1 XÍCARA DE LEITE
- 1 COLHER DE CHÁ DE ESSÊNCIA DE AMÊNDOAS (OPCIONAL)
- 2-3 COLHERES DE SOPA DE MEL, OU A GOSTO

Passe as framboesas em uma peneira, pressionando com o dorso de uma colher, recolhendo o purê em uma tigela. Descarte as sementes que ficaram na peneira.

Bata o purê de framboesas, os morangos, o iogurte, o leite e a essência de amêndoas no liquidificador ou processador até ficar homogêneo.

Transfira a vitamina para copos refrigerados, adicione o mel e mexa. Sirva em seguida.

Ruby Anyday

BOM A QUALQUER DIA, NÃO SÓ TERÇA-FEIRA.*

SERVE 2

1 GRAPEFRUIT RUBI OU ROSADA
½ XÍCARA DE ÁGUA GELADA
½ XÍCARA DE IOGURTE NATURAL, SEM O SORO
1 COLHER DE CHÁ DE MEL FLORAL (ACÁCIA OU FLOR DE LARANJEIRA)

Corte o grapefruit em quatro. Tire a casca, inclusive a parte branca e remova as sementes.

Bata o grapefruit e a água no liquidificador ou processador até misturar bem. Junte o iogurte e o mel e continue batendo até ficar homogêneo.

Transfira para copos, enfeite com as fatias de grapefruit e sirva em seguida.

PARA DECORAR

FATIAS DE GRAPEFRUIT RUBI OU ROSADA

* O nome desse suco é um trocadilho com o título da canção dos Rolling Stones, *Ruby tuesday* (Terça-feira Ruby).

Blueberry Extasiante

O SABOR DO BLUEBERRY É, ÀS VEZES, MENOSPREZADO. NESTA VITAMINA, O IOGURTE ACENTUA O AGRADÁVEL PALADAR AGRIDOCE DA FRUTA.

SERVE 2

- ½ XÍCARA DE IOGURTE NATURAL SEM O SORO
- ½ XÍCARA DE ÁGUA
- 1 XÍCARA DE BLUEBERRIES CONGELADOS

PARA DECORAR

BLUEBERRIES CONGELADOS INTEIROS

Bata o iogurte, a água e os blueberries no liquidificador ou processador, até ficar homogêneo.

Transfira para copos e salpique os blueberries congelados inteiros.

Creme de Morango e Laranja

Combinação impecável dos sabores refrescantes de duas das frutas mais populares.

SERVE 2

- ½ xícara de iogurte natural
- ¾ de xícara de iogurte de morango
- ¾ de xícara de suco de laranja
- 1 ¼ xícara de morangos congelados
- 1 banana, fatiada e congelada

Para decorar

Fatias de laranja e morangos frescos inteiros espetados em palitos

Bata o iogurte natural e o iogurte de morango no liquidificador ou processador. Junte o suco de laranja e continue batendo até misturar bem.

Acrescente os morangos e a banana e bata até ficar homogêneo.

Transfira a vitamina para copos altos e enfeite com as fatias de laranja e com os morangos espetados em palitos.

Iogurte de Frutas

SUBSTITUA O IOGURTE DE PÊSSEGO PELO SABOR DE SUA PREFERÊNCIA E CRIE UMA NOVA ALTERNATIVA PARA ESSA VITAMINA DELICIOSA.

SERVE 4

1 BANANA
1 XÍCARA DE MORANGOS CORTADOS AO MEIO
1 XÍCARA DE IOGURTE DE PÊSSEGO
2 COLHERES DE SOPA DE MEL
1 XÍCARA DE SUCO DE MAÇÃ GELADO

Descasque a banana e corte direto no processador ou liquidificador.

Adicione os morangos, o iogurte e o mel e bata até ficar homogêneo. Sem desligar, junte o suco de maçã.

Transfira para copos refrigerados e sirva em seguida.

Vitamina de Frutas Vermelhas

As frutas vermelhas deixam a vitamina com uma coloração rosa intensa. É uma excelente opção para servir em festas infantis.

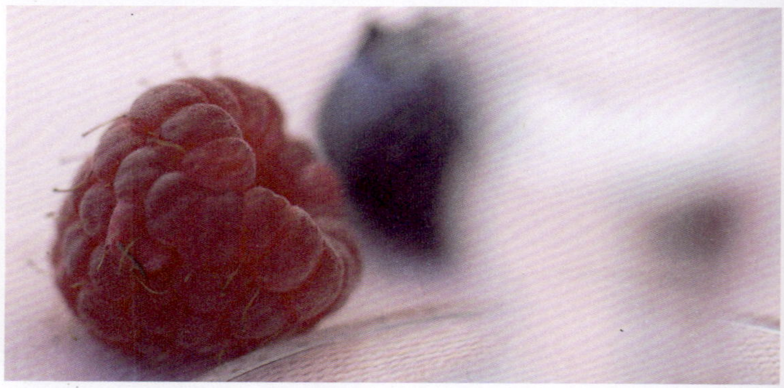

SERVE 2

1 ¾ XÍCARA DE LEITE INTEGRAL OU DE LEITE DE SOJA
2 COLHERES DE SOPA DE IOGURTE NATURAL
1 COLHER DE SOPA DE *MAPLE SYRUP**
3 AMORAS
¾ DE XÍCARA DE BLUEBERRIES
¼ DE XÍCARA DE GROSELHA PRETA (CASSIS)

Para decorar

SEMENTES DE GERGELIM TORRADO

Coloque todos os ingredientes no liquidificador ou processador e bata até obter um creme liso e fofo.

Transfira para copos altos, salpique as sementes de gergelim e sirva em seguida.

---

* Glucose de bordo, árvore típica do Canadá. É muito utilizado pelos norte-americanos e canadenses em panquecas e waffles. Encontrado na seção de importados de supermercados e lojas de alimentos. Pode ser substituído pela glucose de milho, com alterações mínimas de sabor.

Vitamina de Banana com Amêndoas

EXCELENTE VITAMINA PARA DIETAS SEM LACTOSE, RICA EM SABOR.

SERVE 3–4

- 1 XÍCARA DE AMÊNDOAS INTEIRAS SEM A PELE
- 2 ½ XÍCARAS DE LEITE SEM LACTOSE
- 2 BANANAS MADURAS, CORTADAS AO MEIO
- 1 COLHER DE CHÁ DE EXTRATO DE BAUNILHA
- CANELA EM PÓ PARA POLVILHAR

Bata as amêndoas no processador ou liquidificador até picar bem. Junte o leite, as bananas e o extrato de baunilha e bata até obter um creme liso.

Transfira para copos e salpique a canela em pó.

Vitamina de Morango, Pêssego e Banana

EXIGE UM POUCO DE TRABALHO PARA DESCASCAR O PÊSSEGO. MAS VALE A PENA.

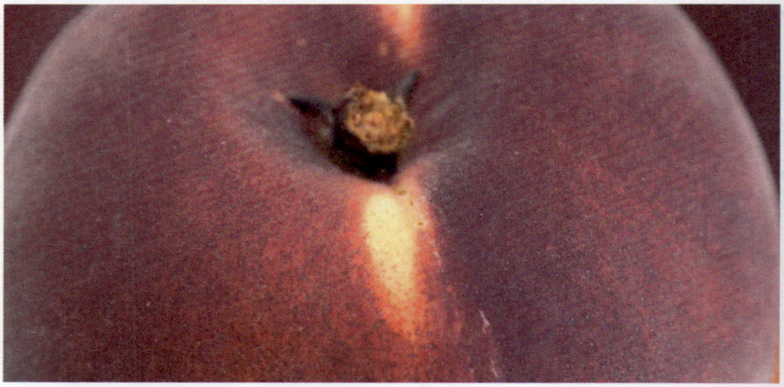

SERVE 2

- 1 ¼ XÍCARA DE LEITE INTEGRAL OU LEITE DE SOJA
- 2 COLHERES DE SOPA DE IOGURTE NATURAL
- 1 COLHER DE SOPA DE *MAPLE SYRUP*
- ½ BANANA DESCASCADA E CORTADA EM RODELAS
- ½ PÊSSEGO, SEM PELE E SEM CAROÇO, PICADO
- 3 MORANGOS

Bata todos os ingredientes no liquidificador ou processador até obter um creme liso e fofo.

Transfira para copos e sirva.

Vitamina com Frutas do Pomar

O COZIMENTO RÁPIDO DAS FRUTAS RESULTA EM UMA MESCLA DE SABORES E CORES.

SERVE 2

- 1 PERA MADURA, SEM A CASCA E CORTADA EM QUATRO
- 1 MAÇÃ, SEM A CASCA E CORTADA EM QUATRO
- 2 AMEIXAS VERMELHAS GRANDES E MADURAS, CORTADAS AO MEIO E SEM CAROÇO
- 4 AMEIXAS ROXAS MADURAS, CORTADAS AO MEIO E SEM CAROÇO
- ¾ DE XÍCARA DE ÁGUA

PARA DECORAR

FATIAS DE MAÇÃ OU PERA

Coloque as frutas e a água em uma panela pequena. Tampe bem e cozinhe em fogo médio, até ferver. Retire do fogo, deixe esfriar um pouco e leve à geladeira.

Depois de bem gelado, coloque as frutas e a água do cozimento em um processador ou liquidificador e bata até ficar homogêneo.

Transfira para copos, enfeite com as fatias de maçã ou pera e sirva.

Batida de Melão e Abacaxi

Experimente esta combinação gloriosa e energizante de sabores agridoces, quando o cansaço bater.

SERVE 2

½ xícara de suco de abacaxi
4 colheres de sopa de suco de laranja
125 g de melão gália, cortado em pedaços
1 xícara de abacaxi congelado em pedaços
4 cubos de gelo, triturados

Para decorar

fatias de melão gália

Bata o suco de abacaxi e o de laranja no liquidificador ou processador para misturar.

Junte o melão, o abacaxi e o gelo triturado e bata até obter uma consistência ligeiramente cremosa.

Transfira para copos e enfeite com as fatias de melão. Sirva em seguida.

Revitalizante de Pimentão Vermelho e Cenoura

Uma combinação dinâmica de sabores, que aquece o organismo e aumenta os níveis de energia.

SERVE 2

1 xícara de suco de cenoura
1 xícara de suco de tomate
2 pimentões vermelhos grandes, sem sementes e picados
1 colher de sopa de suco de limão
pimenta-do-reino moída na hora

Bata o suco de cenoura e o de tomate no liquidificador ou processador até misturar bem.

Junte o pimentão vermelho e o suco de limão. Tempere com pimenta-do-reino moída na hora e bata até obter um creme liso.

Sirva em copos, com canudos.

Tomates Ardentes

De sabor acentuado e ligeiramente picante, este suco é uma verdadeira injeção de entusiasmo!

SERVE 2

2 xícaras de suco de tomate
algumas gotas de molho inglês
1 pimenta vermelha pequena, sem sementes e picada
1 cebolinha verde, picada
6 cubos de gelo, triturados

Para decorar
2 pimentas vermelhas finas e compridas, cortadas em formato de flores

Faça as flores de pimenta: com uma faca afiada, faça 6 cortes em cada pimenta, no sentido do comprimento – apoie a faca a uma distância de 1 cm do caule e corte na direção da ponta da pimenta. Deixe as pimentas cortadas de molho em água gelada por 25-30 minutos ou até que as tiras se separem, formando as pétalas.

Bata o suco de tomate e o molho inglês no processador ou liquidificador até misturar bem. Junte a pimenta picada, a cebolinha e os cubos de gelo triturados. Bata até ficar homogêneo.

Sirva em copos, enfeitados com as flores de pimenta.

Coquetel de Legumes

Todos os benefícios dos legumes frescos numa saborosa combinação.

SERVE 2

- ½ xícara de suco de cenoura
- 500 g de tomates, sem pele e sem sementes, picados
- 1 colher de sopa de suco de limão
- 4 talos de salsão, sem as folhas e picados
- 4 cebolinhas picadas
- ⅓ de xícara de salsinha fresca
- ⅓ de xícara de hortelã fresca

Para decorar

- 2 talos de salsão pequenos, com as folhas

Bata o suco de cenoura, os tomates e o suco de limão no liquidificador ou processador até misturar bem.

Junte o salsão, a cebolinha, a salsinha e a hortelã e bata até ficar homogêneo.

Transfira para copos, enfeite com os talos de salsão e sirva em seguida.

Injeção de Saúde!

Vitamina Agridoce

VITAMINA COLORIDA E DELICIOSA QUE AJUDA A FORTALECER A IMUNIDADE E A COMBATER OS EFEITOS DA IDADE AVANÇADA.

SERVE 2

- 1 XÍCARA DE SUCO DE LARANJA NATURAL
- 1 XÍCARA DE BETERRABA COZIDA, PICADA
- 5 COLHERES DE SOPA DE IOGURTE
- ⅔ DE XÍCARA DE ÁGUA
- SAL (OPCIONAL)

PARA DECORAR

BETERRABA PICADA

Bata o suco de laranja, a beterraba e o iogurte no liquidificador ou processador. Acrescente a água e bata até obter uma mistura lisa e homogênea.

Transfira para uma jarra refrigerada e tempere com sal, a gosto, se estiver usando.

Salpique a beterraba picada e sirva.

Vitamina de Mamão com Banana

Um verdadeiro pacote de nutrientes, muito fácil de digerir. Perfeita para acabar com a fadiga e para auxiliar na recuperação de doenças.

SERVE 2

- 1 MAMÃO PAPAIA
- SUCO DE 1 LIMÃO
- 1 BANANA GRANDE
- 1 ½ XÍCARA DE SUCO DE LARANJA NATURAL
- ¼ DE COLHER DE CHÁ DE GENGIBRE EM PÓ

Corte o mamão papaia ao meio e retire as sementes. Remova a polpa com a ajuda de uma colher e corte em pedaços. Misture com o suco de limão. Descasque e corte a banana em rodelas.

Bata o mamão papaia, a banana, o suco de laranja e o gengibre no liquidificador ou processador, até obter uma mistura bem homogênea. Sirva em copos refrigerados.

Desintoxicante Especial

Cabelo sem brilho, pele opaca, cansaço – até seu médico recomendaria beber essa combinação de vitaminas A e C, deliciosa e restauradora.

SERVE 2

1 MANGA
4 KIWIS
1 ½ XÍCARA DE SUCO DE ABACAXI
4 FOLHAS DE HORTELÃ FRESCA

Corte a manga em duas fatias grossas, rente ao caroço. Remova a polpa com a ajuda de uma colher e corte em pedaços. Corte a polpa próxima ao caroço. Use uma faca pequena e afiada e descasque os kiwis. Corte em pedaços.

Bata a manga, os kiwis, o suco de abacaxi e as folhas de hortelã no processador ou liquidificador até obter uma mistura homogênea. Sirva em copos refrigerados.

Revitalizante de Maçã e Salsão

Melhore o ânimo e fortaleça o coração com essa bebida saborosa e cheia de vitalidade – acredita-se que ajuda a curar ressacas.

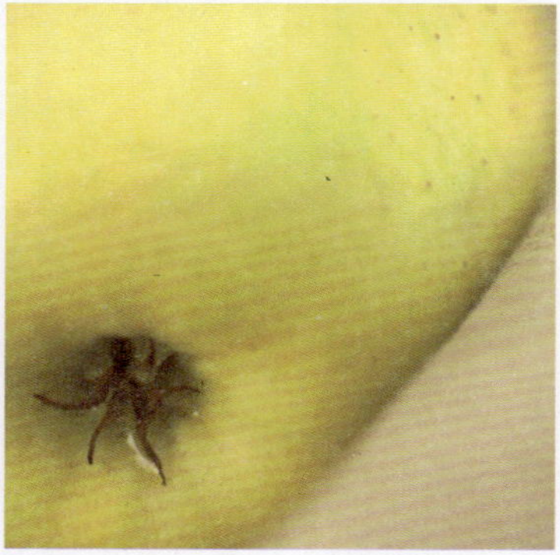

SERVE 2

1 maçã doce, sem casca e sem sementes, picada
1 xícara de salsão picado
1 ¼ xícara de leite
1 pitada de açúcar (opcional)
sal (opcional)

Para decorar

tiras de salsão

Bata a maçã, o salsão e o leite no liquidificador ou processador até ficar bem homogêneo.

Acrescente a pitada de açúcar e o sal, se for de sua preferência.

Transfira para copos refrigerados e decore com as tiras de salsão. Sirva em seguida.

Vitamina de Morango com Banana

Simples e deliciosa, mais um clássico com morangos.

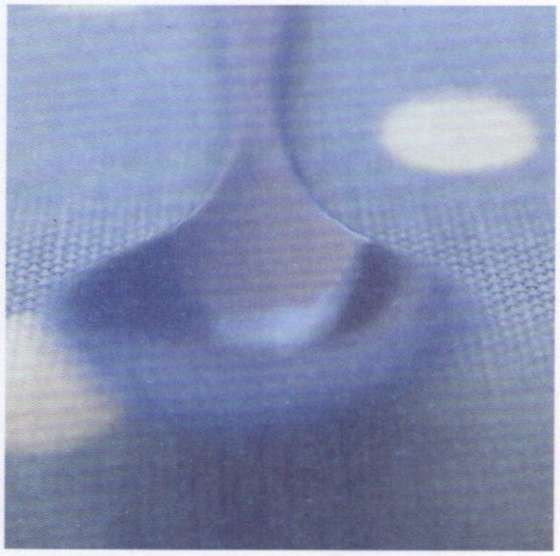

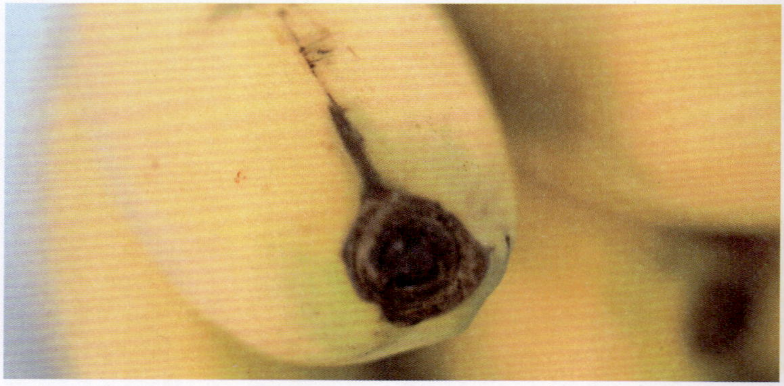

SERVE 2

1 banana cortada em rodelas
½ xícara de morangos frescos
⅔ de xícara de iogurte natural

Bata a banana, os morangos e o iogurte no processador ou liquidificador, por alguns segundos, até obter uma mistura lisa.

Sirva em seguida.

Vitamina Tropical

O MAMÃO PAPAIA E O ABACAXI SÃO RICOS EM ANTIOXIDANTES E CONTÊM ENZIMAS QUE ESTIMULAM O SISTEMA DIGESTIVO.

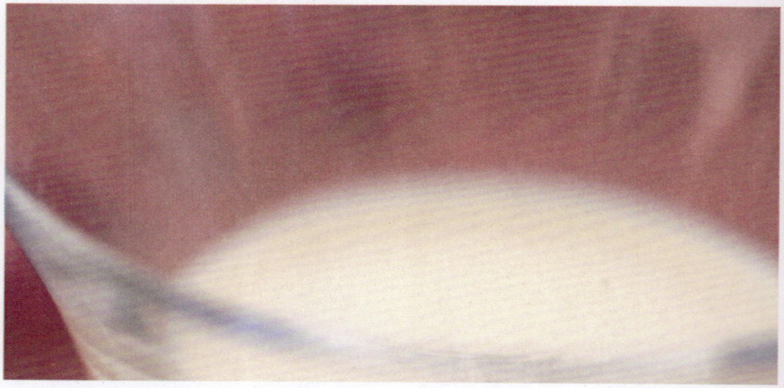

SERVE 2

1 MAMÃO PAPAIA MADURO, SEM CASCA E SEM SEMENTES, PICADO
½ ABACAXI FRESCO, SEM CASCA E PICADO
⅔ DE XÍCARA DE LEITE DE SOJA
1 ¼ XÍCARA DE IOGURTE DE SOJA*

Para decorar
ABACAXI PICADO

Bata todos os ingredientes no liquidificador ou processador até obter uma mistura lisa e cremosa.

Transfira para copos, salpique o abacaxi picado e sirva.

* Iogurte obtido a partir do leite de soja, com a utilização de fermento para iogurte ou de iogurte natural, segundo sua necessidade ou preferência. Pode ser encontrado em lojas de alimentos vegetarianos.

Suco de Maçã com Cenoura e Pepino

Bebida rica em antioxidantes e fibras solúveis. As propriedades diuréticas do pepino e da cenoura ajudam a reduzir a retenção de líquidos.

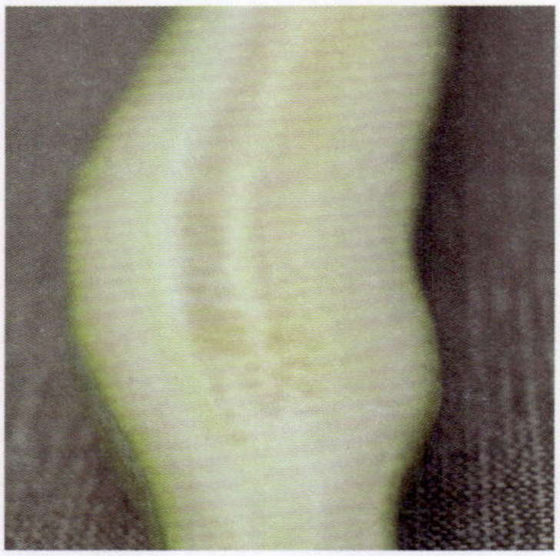

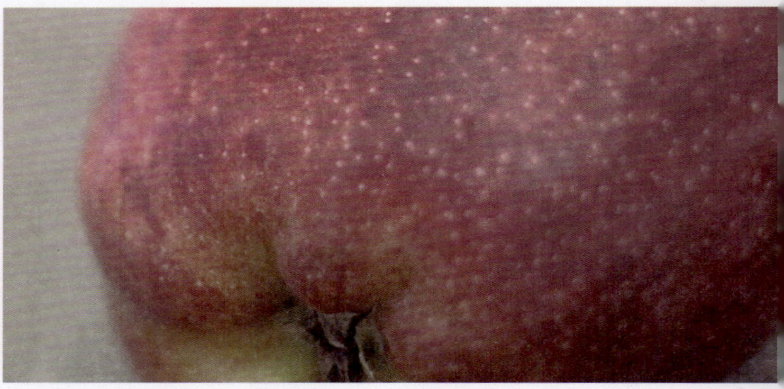

SERVE 1

- 1 maçã, com casca e sem sementes, picada
- 1 cenoura, sem casca e picada
- 1 pepino picado

Para decorar

pedaços de cenoura, pepino e maçã espetados no palito

Bata todos os ingredientes no liquidificador ou processador.

Transfira para um copo. Espete os pedaços de cenoura, pepino e maçã no palito e disponha sobre o copo. Sirva em seguida.

Blueberry Maravilha

AGRIDOCE, PERFUMADA, RICA E CREMOSA – UM COPO DE PURA MAGIA.

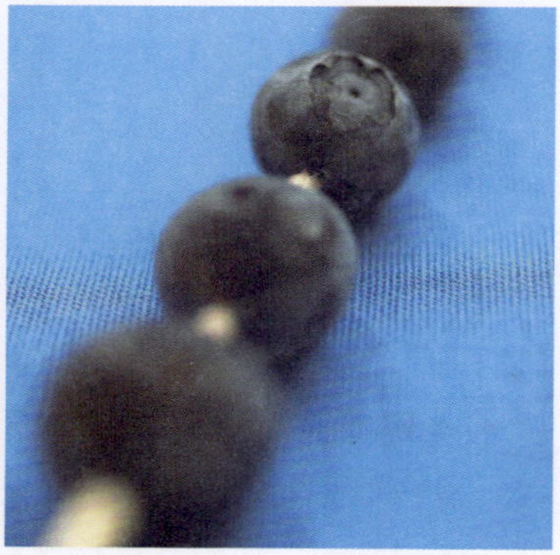

SERVE 2

¾ DE XÍCARA DE SUCO DE MAÇÃ
½ XÍCARA DE IOGURTE NATURAL
1 BANANA, CORTADA EM RODELAS E CONGELADA
1 XÍCARA DE BLUEBERRIES CONGELADOS

Bata o suco de maçã e o iogurte no liquidificador ou processador até misturar bem.

Junte a banana e metade dos blueberries e bata. Acrescente o restante dos blueberries e continue batendo até ficar homogêneo.

Transfira para copos altos, decore com os blueberries no palito e sirva.

Para decorar
BLUEBERRIES FRESCOS INTEIROS ESPETADOS NO PALITO

Vitamina de Damasco com Laranja

Café da manhã rico em vitaminas e minerais em um único copo.

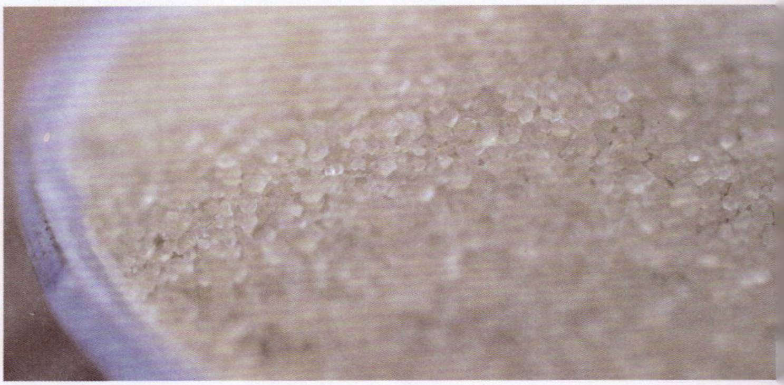

SERVE 2

- 1 xícara de água fervente
- 1 xícara de damascos secos
- Suco de 4 laranjas médias
- 2 colheres de sopa de iogurte natural
- 1 colher de chá de açúcar mascavo

Deixe os damascos de molho em água fervente de um dia para outro.

No dia seguinte, bata os damascos e a água em que ficaram de molho no liquidificador ou processador até obter um purê. Junte o suco de laranja e bata até misturar bem.

Divida em copos e decore com uma colherada de iogurte. Salpique açúcar mascavo e sirva.

Energizante de Frutas Vermelhas

SAIA DA ROTINA E ACRESCENTE UM SABOR EXTRA A ESSA VITAMINA: SEMENTES DE GERGELIM; USE-AS TAMBÉM PARA DECORAR.

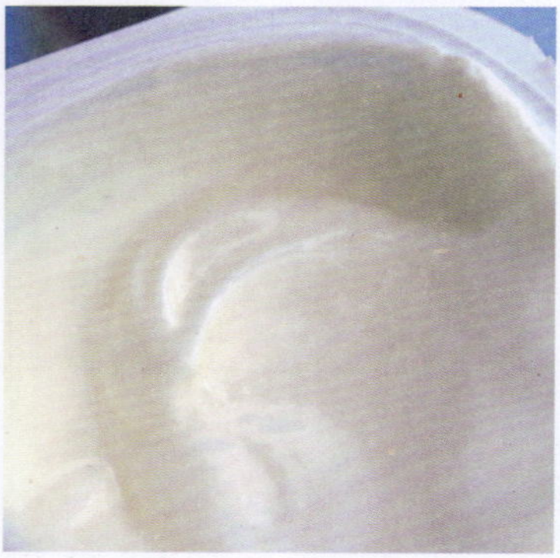

SERVE 1

- ⅛ DE XÍCARA DE BLUEBERRIES
- ⅜ DE XÍCARA DE FRAMBOESAS (NA TEMPERATURA AMBIENTE, SE CONGELADAS)
- 1 COLHER DE CHÁ DE MEL
- 1 XÍCARA DE IOGURTE NATURAL
- 1 COLHER DE SOPA DE GELO TRITURADO
- 1 COLHER DE SOPA DE SEMENTES DE GERGELIM

Bata os blueberries no liquidificador ou processador por 1 minuto.

Acrescente as framboesas, o mel e o iogurte e bata por mais 1 minuto. Adicione o gelo e as sementes de gergelim e continue batendo por mais 1 minuto.

Sirva em um copo alto.

Excelência de Goiaba

Com teor elevado de vitamina C, a goiaba batida com leite garante um café da manhã nutritivo.

SERVE 2

400 G DE GOIABA EM LATA, SEM A CALDA
1 XÍCARA DE LEITE GELADO

Bata a goiaba e o leite no liquidificador ou processador até obter uma mistura homogênea.

Passe na peneira para remover as sementes e sirva em copos.

Azul e Preto

Amoras cultivadas são mais firmes e suculentas do que as amoras silvestres, que podem também ser usadas, sem prejuízo de sabor, caso sejam encontradas em sua região.

SERVE 2

- ¾ de xícara de amoras cultivadas
- 1 xícara de blueberries
- ½ xícara de água gelada
- ⅔ de xícara de iogurte natural

Bata as amoras, os blueberries, a água e o iogurte em um processador ou liquidificador até obter uma mistura homogênea.

Despeje em copos e sirva.

Delícia de Framboesa e Pera

Rosa, leve e frutada, essa vitamina é refrescante e deliciosa. Passe na peneira para remover as sementes e obter uma consistência mais aveludada.

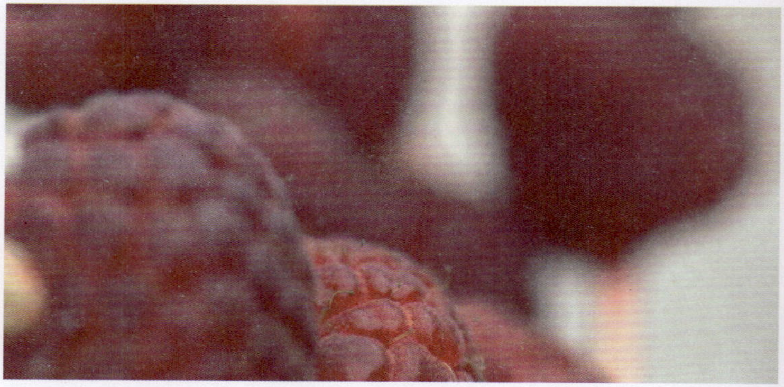

SERVE 2

2 peras d'anjou grandes e maduras
1 xícara de framboesas congeladas
¾ de xícara de água gelada
mel a gosto

Para decorar

framboesas espetadas no palito

Descasque as peras e corte em quatro. Remova as sementes. Bata a água, as peras e as framboesas no liquidificador ou processador até obter uma mistura homogênea.

Experimente e adoce com mel se as framboesas forem muito ácidas.

Sirva em copos, decorados com as framboesas no palito.

Refresco de Pepino e Hortelã

IDEAL PARA SERVIR EM FESTAS E REUNIÕES SOCIAIS EM DIAS QUENTES – O PEPINO DENTRO DO COPO SERÁ, CERTAMENTE, BOM TEMA PARA CONVERSA!

SERVE 1

- ALGUNS RAMINHOS DE HORTELÃ
- 1 COLHER DE CHÁ DE AÇÚCAR DE CONFEITEIRO
- SUCO DE 1 LIMÃO
- 1 PEDAÇO DE 2,5 CM DE PEPINO, CORTADO EM FATIAS FINAS
- ÁGUA MINERAL COM GÁS, GELADA
- CUBOS DE GELO

Pique algumas folhas de hortelã e misture com o açúcar.

Esfregue um pouco de suco de limão na borda do copo e pressione a borda sobre o açúcar temperado com hortelã. Deixe secar.

Misture o restante do suco de limão com o pepino e o restante da hortelã – algumas folhas picadas e outras inteiras – e leve à geladeira.

Na hora de servir, transfira o suco de limão com pepino para o copo preparado e complete com a água mineral gaseificada gelada. Sirva com gelo.

Coquetel de Cenoura

ABACAXI E CENOURA FORMAM UMA COMBINAÇÃO DELICIOSA, RESULTANDO EM UMA BEBIDA CREMOSA E REFRESCANTE, RICA EM VITAMINAS.

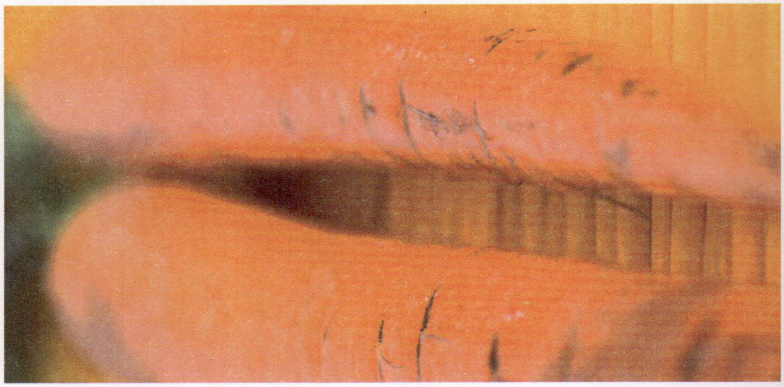

SERVE 1

½ XÍCARA DE CENOURAS CRUAS, SEM CASCA E PICADAS
1 FATIA DE ABACAXI, PICADO
1 COLHER DE CHÁ DE SUCO DE LIMÃO
1 COLHER DE SOPA DE MEL
GELO

Para decorar
RAMINHO DE SALSINHA OU DE HORTELÃ

Bata as cenouras, o abacaxi, o suco de limão e o mel no processador ou liquidificador, por 1-2 minutos, até obter uma mistura cremosa.

Sirva em um copo com gelo, decorado com o raminho de hortelã ou salsinha.

Cenoura 24

O ABACAXI CONTÉM ENZIMAS QUE AUXILIAM A DIGESTÃO E REDUZEM INFLAMAÇÕES E INCHAÇOS.

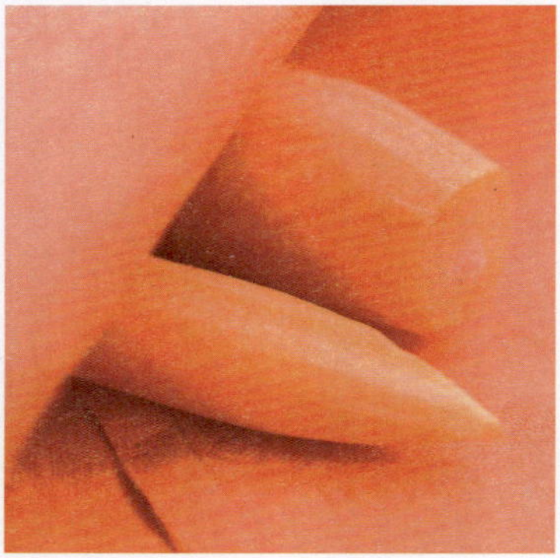

SERVE 2

1 PUNHADO DE GELO TRITURADO
2 CENOURAS PICADAS
100 G DE ABACAXI EM LATA, SEM A CALDA
¾ DE XÍCARA DE SUCO DE ABACAXI GELADO

Para decorar
TIRAS DE PEPINO

Bata o gelo, as cenouras, o abacaxi e o suco de abacaxi até obter uma mistura cremosa.

Sirva em copos refrigerados, com as tirinhas de pepino.

Na Batida

A BETERRABA CONTÉM POUCAS CALORIAS E NENHUMA GORDURA, E TEOR ELEVADO DE FIBRAS. SE PREFERIR UMA BEBIDA AINDA MAIS SAUDÁVEL, NÃO UTILIZE SAL.

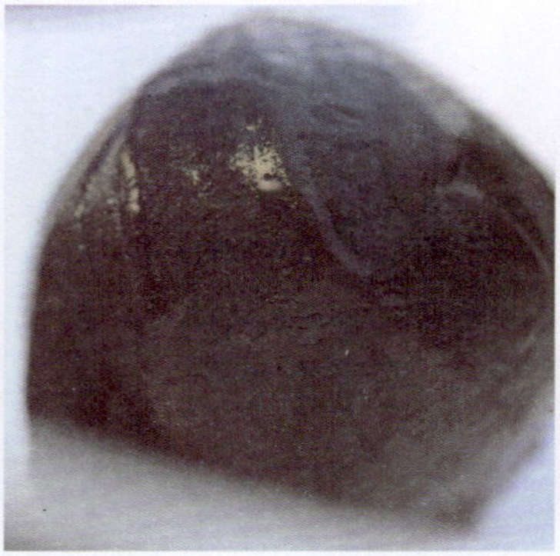

SERVE 2

- 1 XÍCARA DE BETERRABAS COZIDAS PICADAS
- ½ XÍCARA DE SUCO DE LARANJA GELADO
- 5 COLHERES DE SOPA DE IOGURTE NATURAL GELADO
- ⅔ DE XÍCARA DE ÁGUA MINERAL SEM GÁS GELADA
- SAL

PARA DECORAR

FATIAS DE LARANJA

Coloque a beterraba, o suco de laranja, o iogurte e a água no liquidificador ou processador e tempere com sal a gosto.

Bata até obter uma mistura homogênea. Sirva em copos refrigerados, decorados com as fatias de laranja.

Suco de Pera com Beterraba e Espinafre

A BETERRABA ESTIMULA O FÍGADO E AJUDA A DEPURAR O SISTEMA DIGESTIVO; A PERA ADOÇA E CONTÉM FIBRAS; O ESPINAFRE CONTÉM ANTIOXIDANTES QUE AJUDAM A ELIMINAR OS RADICAIS LIVRES.

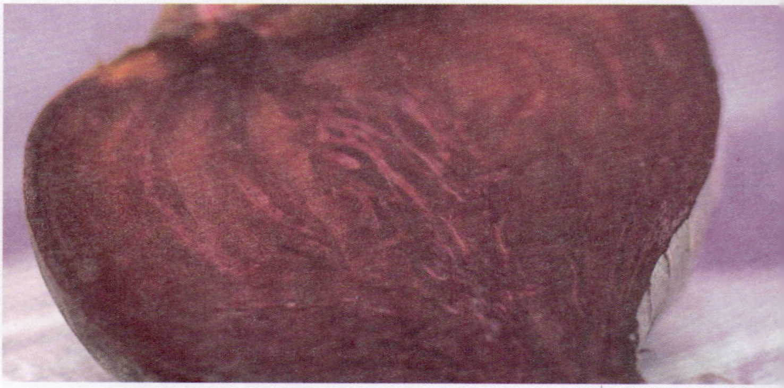

SERVE 1

1 BETERRABA, SEM CASCA E PICADA
1 PERA, SEM SEMENTES E PICADA
½ XÍCARA DE FOLHAS DE ESPINAFRE TENRAS (BEM PRESSIONADAS)

PARA DECORAR

FOLHA DE ESPINAFRE

Bata todos os ingredientes no liquidificador ou processador. Dilua com água filtrada, a gosto.

Sirva em um copo, decorado com uma folha de espinafre.

Energizante de Cenoura e Gengibre

Uma mistura de sabores estimulante, ideal para repor as energias.

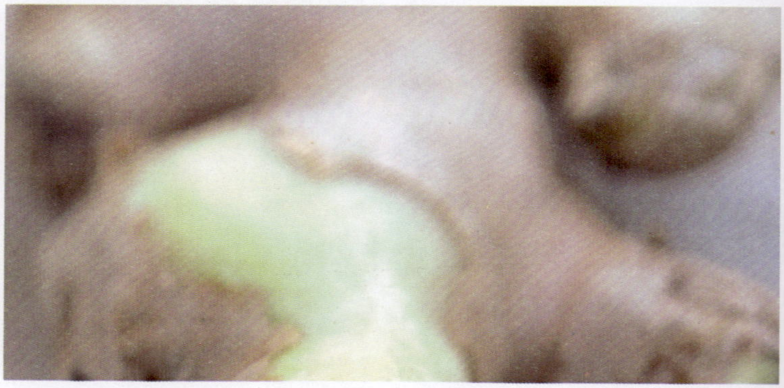

SERVE 2

1 xícara de suco de cenoura
4 tomates, sem pele e sem sementes, picados
1 colher de sopa de suco de limão
⅓ de xícara de salsinha fresca
1 colher de sopa de gengibre fresco
6 cubos de gelo, triturados
½ xícara de água

Para decorar

raminhos de salsinha fresca

Bata o suco de cenoura, os tomates e o suco de limão no liquidificador ou processador até misturar bem.

Acrescente a salsinha, o gengibre e o gelo e bata até ficar homogêneo. Junte a água e bata mais um pouco, até ficar bem cremoso.

Sirva em copos altos, decorados com a salsinha.

Suco Revitalizante com Pimentões Vermelhos

Para quem gosta de sabores fortes, este suco picante afugenta aquela preguiça das primeiras horas da manhã.

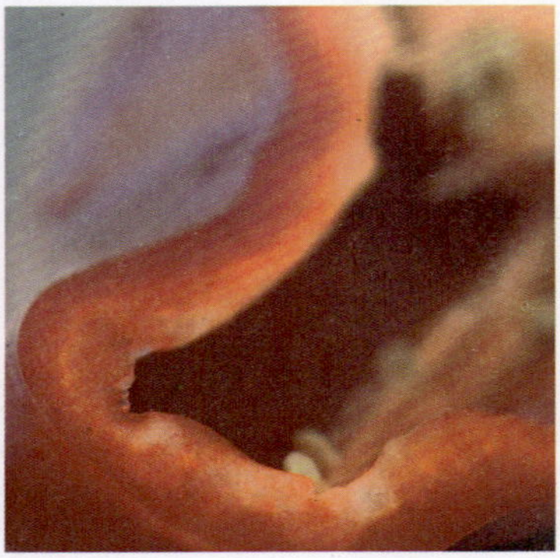

SERVE 2

- 1 xícara de suco de cenoura
- 1 xícara de suco de tomate
- 2 pimentões vermelhos grandes, sem sementes e picados
- 1 colher de sopa de suco de limão
- pimenta-do-reino moída na hora

Para decorar

tirinhas de cenoura

Bata o suco de cenoura e o de tomate no liquidificador ou processador até misturar bem.

Acrescente os pimentões e o suco de limão. Tempere com bastante pimenta-do-reino moída na hora e bata até obter uma mistura cremosa.

Sirva em copos, decorados com as tirinhas de cenoura.

Alegria em Sucos!

Suco Refrescante de Melancia

Suco preparado só com a fruta, naturalmente doce, popular na Grécia, onde a melancia é vendida em barracas na beira da estrada.

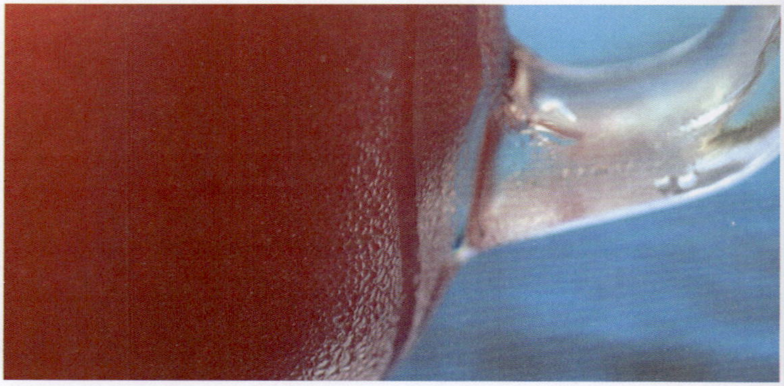

SERVE 2

1 FATIA DE MELANCIA, PESANDO CERCA DE 350 G
CUBOS DE GELO

Para decorar
FATIAS DE MELANCIA

Remova a casca e as sementes da melancia e corte em pedaços.

Bata no liquidificador ou processador até desmanchar bem.

Sirva em copos com gelo, decorado com pequenas fatias de melancia.

Tango Melão e Manga

O MELÃO É UMA FRUTA REFRESCANTE, MUITO USADO EM SUCOS DURANTE OS MESES DE VERÃO.

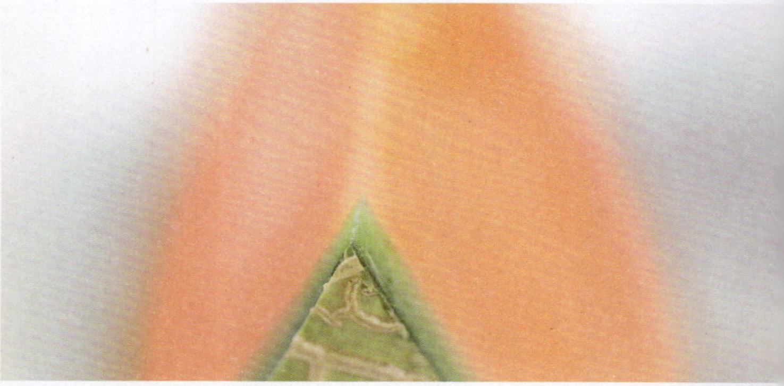

SERVE 2

- 1 MELÃO CANTALOUPE, CORTADO AO MEIO E SEM SEMENTES
- 2 ½ XÍCARAS DE SUCO DE MANGA
- 2 COLHERES DE SOPA DE SUCO DE LARANJA NATURAL

PARA DECORAR

FATIAS DE LARANJA

Remova a polpa do melão com a ajuda de uma colher e coloque no liquidificador ou processador. Junte a manga e o suco de laranja e bata até obter uma mistura cremosa.

Sirva em copos gelados, decorados com as fatias de laranja.

Abacaxi Nutritivo

Excelente para repor energias, rico em nutrientes, com sabor acentuado e refrescante.

SERVE 4

1 PUNHADO DE GELO TRITURADO
2 BANANAS
1 XÍCARA DE SUCO DE ABACAXI GELADO
½ XÍCARA DE SUCO DE LIMÃO

Para decorar
FATIAS DE ABACAXI

Coloque o gelo no liquidificador ou processador. Corte as bananas em rodelas, direto no liquidificador. Adicione o suco de abacaxi e o de limão e bata até obter uma mistura lisa.

Sirva em copos gelados, decorados com pedaços de fatias de abacaxi.

Cranberry Gelada

SUCOS COLORIDOS FEITOS COM FRUTAS MACIAS E SABOROSAS MOTIVAM CRIANÇAS A COMEREM MAIS FRUTAS.

SERVE 4

- 3 XÍCARAS DE CRANBERRIES, NA TEMPERATURA AMBIENTE, SE CONGELADAS
- 2 XÍCARAS DE SUCO DE CRANBERRY, GELADO
- 1 ¼ XÍCARA DE IOGURTE NATURAL
- 2-3 COLHERES DE SOPA DE MEL

Bata as cranberries e o suco de cranberry no liquidificador ou processador até obter uma mistura homogênea. Adicione o iogurte e 2 colheres de sopa de mel e bata mais um pouco. Experimente e acrescente mais mel, se necessário.

Sirva em copos gelados.

"Colada" de Morango

O MORANGO É UMA DELICIOSA FONTE DE FERRO, POTÁSSIO E DAS VITAMINAS A E C.

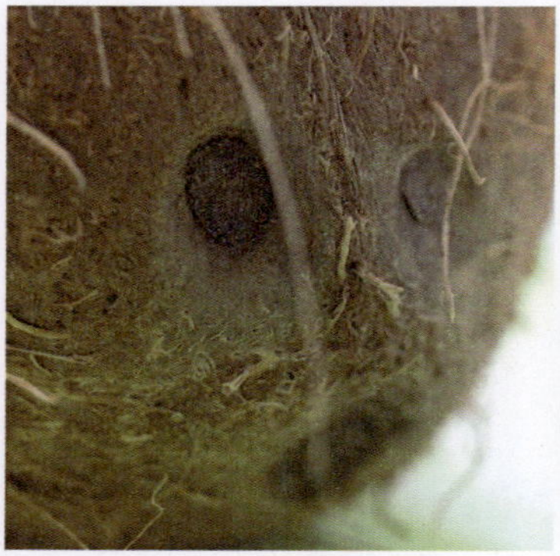

SERVE 2

4 XÍCARAS DE MORANGOS
½ XÍCARA DE LEITE DE COCO
2 ½ XÍCARAS DE SUCO DE ABACAXI

Reserve 4 morangos para decorar. Corte o restante ao meio e coloque no liquidificador ou processador.

Acrescente o leite de coco e o suco de abacaxi e bata até obter um creme liso. Sirva em copos gelados, decorados com os morangos reservados.

Melancia Sunset

As sementes de melancia torradas são comestíveis e a casca pode ser usada em picles – ou seja, toda a fruta pode ser aproveitada.

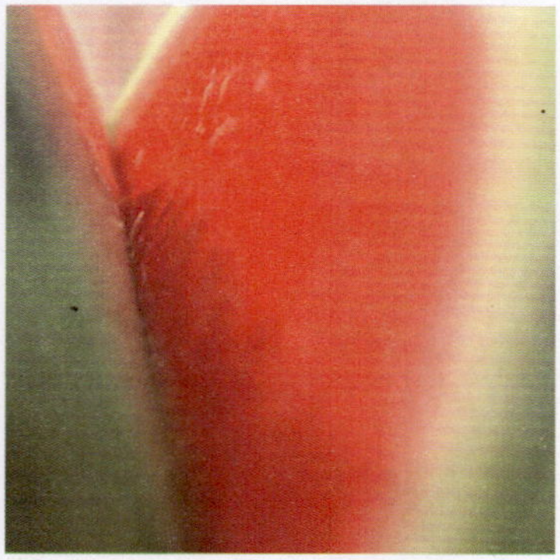

SERVE 4

- 1 melancia, cortada ao meio
- 6 colheres de sopa de suco de grapefruit rubi
- 6 colheres de sopa de suco de laranja natural
- algumas gotas de suco de limão

Para decorar

pequenas fatias de melancia

Remova as sementes da melancia. Com a ajuda de uma colher, retire a polpa e coloque diretamente no liquidificador ou processador. Acrescente os sucos de grapefruit e de laranja e esprema algumas gotas de limão.

Bata até misturar bem. Sirva em copos gelados, decorados com os pedaços de melancia.

Refresco de Maçã

UMA BEBIDA REFRESCANTE CHEIA DE ENERGIA, QUE MESCLA O SABOR CARACTERÍSTICO DAS MAÇÃS MADURAS E PERFUMADAS AO SUCO DE LARANJA NATURAL E AOS MORANGOS FRESCOS.

SERVE 2

2 MAÇÃS MADURAS, SEM CASCA E PICADAS
¼ DE XÍCARA DE MORANGOS
SUCO DE 4 LARANJAS
AÇÚCAR, A GOSTO

PARA DECORAR
FATIAS DE MAÇÃ

Bata as maçãs, os morangos e o suco de laranja no liquidificador ou processador até ficar bem homogêneo.

Experimente e acrescente açúcar, se necessário.

Decore com as fatias de maçã e sirva.

Surpresa de Limão

Rico em vitamina C e com poucas calorias, o suco de limão é muito azedo para ser bebido ao natural. Aqui, foi misturado à salsinha, também rica em propriedades benéficas para a saúde.

SERVE 2

SUCO DE 1 LIMÃO
1 COLHER DE SOPA DE SALSINHA FRESCA
2 XÍCARAS DE ÁGUA MINERAL COM GÁS
2-3 COLHERES DE CHÁ DE AÇÚCAR

Bata o suco de limão, a salsinha e a água mineral gaseificada no liquidificador ou processador, em velocidade baixa, até misturar bem.

Aumente para a velocidade alta, acrescente o açúcar e bata por mais 30 segundos.

Sirva em copos gelados, com canudos.

Refresco de Melão e Hortelã

O MELÃO CANTALOUPE, FRUTA SUCULENTA, AROMÁTICA E DOCE, É UMA ESCOLHA SAUDÁVEL E REFRESCANTE PARA PREPARAR UMA BEBIDA NOS DIAS DE VERÃO.

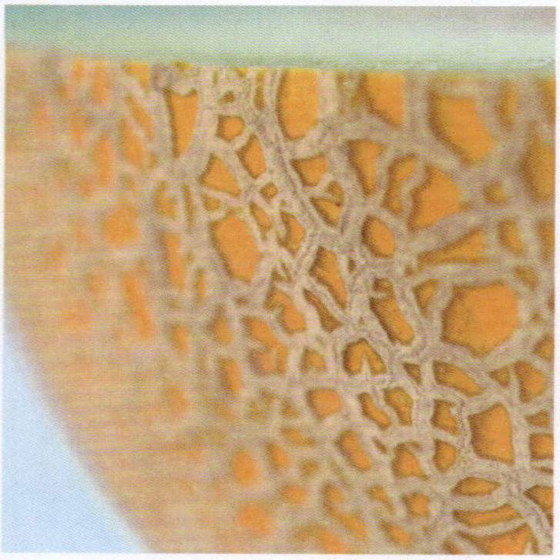

SERVE 2

- 1 MELÃO CANTALOUPE
- 1 COLHER DE SOPA DE HORTELÃ FRESCA PICADA
- 1 COLHER DE SOPA DE GENGIBRE EM CONSERVA PICADO
- ½ A ⅓ DE XÍCARA DE ÁGUA MINERAL

Corte o melão ao meio e use uma colher para remover as sementes. Com a ajuda da colher, retire a polpa e pique em pedaços.

Bata o melão, a hortelã e o gengibre no processador ou liquidificador até obter um creme liso. Sem desligar o aparelho, acrescente a água mineral, um pouco por vez, até obter a consistência desejada.

Sirva em copos gelados, com canudos.

Coquetel Juvenil

Um "coquetel" sem álcool, alternativa saborosa para quem não bebe ou vai dirigir depois da festa. Sirva em almoços ou brunches festivos.

SERVE 2

¾ de xícara de suco de laranja natural, espremido na hora
¾ de xícara de suco de uvas brancas gaseificado

Divida o suco de laranja entre duas taças de vinho ou de champanhe.

Complete com o suco de uvas e sirva.

Groselha e Pêssego Sunset

USE PÊSSEGOS MADUROS, CUJO SABOR ADOCICADO NEUTRALIZA A ACIDEZ DAS GROSELHAS VERMELHAS – UMA MISTURA TRADICIONAL E BONITA.

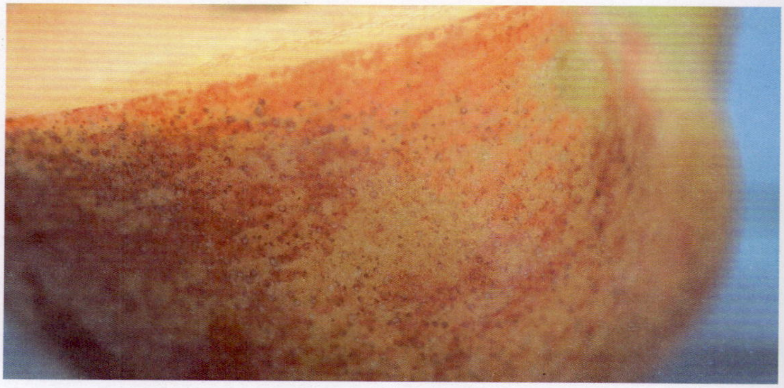

SERVE 2

2 PÊSSEGOS GRANDES E MADUROS
⅔ DE XÍCARA DE GROSELHAS VERMELHAS
¾ DE XÍCARA DE ÁGUA GELADA
1–2 COLHERES DE SOPA DE MEL

Corte os pêssegos ao meio, retire os caroços e pique.

Reserve 2 raminhos de groselha e desmanche o restante direto no liquidificador ou processador. Junte o pêssego picado, a água e o mel, e bata até obter uma mistura homogênea.

Sirva em copos, decorados com os raminhos de groselha.

Batida de Abacaxi

SUCO DE LARANJA COM ABACAXI E MELÃO É UMA BEBIDA REFRESCANTE, PARA SER SERVIDA EM UM DIA QUENTE DE VERÃO.

SERVE 2

- ½ XÍCARA DE SUCO DE ABACAXI
- 4 COLHERES DE SOPA DE SUCO DE LARANJA
- 125 G DE MELÃO GÁLIA, CORTADO EM PEDAÇOS
- 140 G DE ABACAXI CONGELADO EM PEDAÇOS
- 4 CUBOS DE GELO

PARA DECORAR

FATIAS DE LARANJA

Bata o suco de laranja e o de abacaxi no liquidificador ou processador até misturar bem.

Acrescente o melão, o abacaxi e o gelo e bata até obter uma mistura cremosa e lisa.

Sirva em copos decorados com as fatias de laranja.

Romã Sedutora

Suco agradável para dias de verão, quando a romã começa a aparecer em feiras e mercados.

SERVE 2

- 2 romãs maduras
- 1 maracujá
- 1 colher de sopa de mel
- 2 copos cheios de gelo triturado

Corte as romãs ao meio e extraia o suco usando um espremedor de limão.

Corte o maracujá ao meio e passe a polpa em uma peneira. Misture com o suco das romãs e o mel.

Coloque o suco das frutas nos copos com gelo e sirva, com canudos.

Refresco de Framboesa com Maçã

UMA BEBIDA SIMPLES E ELEGANTE, DE PREPARO RÁPIDO E FÁCIL – BEBA COM SATISFAÇÃO!

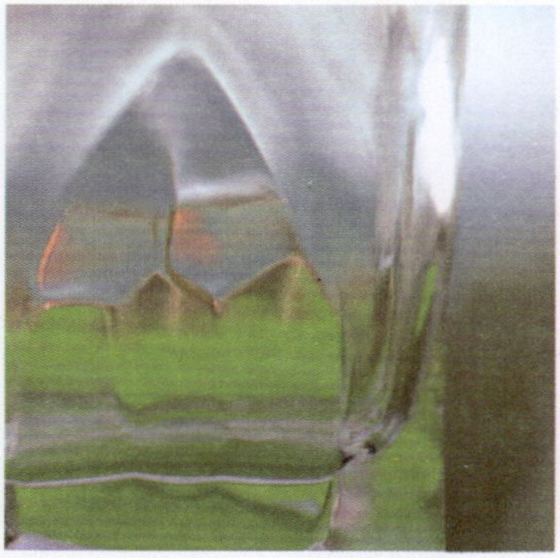

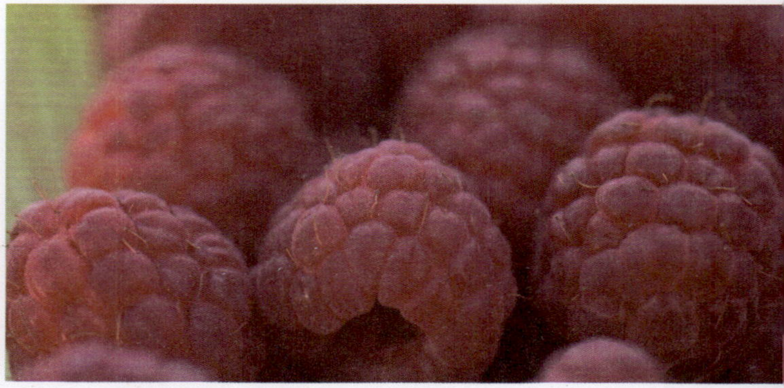

SERVE 2

- 8 CUBOS DE GELO, TRITURADOS
- 2 COLHERES DE SOPA DE XAROPE DE FRAMBOESA
- 2 XÍCARAS DE SUCO DE MAÇÃ GELADO

PARA DECORAR

FRAMBOESAS INTEIRAS E PEDAÇOS DE MAÇÃ ESPETADOS NO PALITO

Divida o gelo triturado entre dois copos. Despeje o xarope de framboesa.

Complete com o suco de maçã e mexa.

Decore com as framboesas e maçãs no palito e sirva.

Surpresa de Morangos

Um suco que realmente mata a sede, ideal para servir em dias escaldantes de verão. O vinagre balsâmico realça o sabor dos morangos.

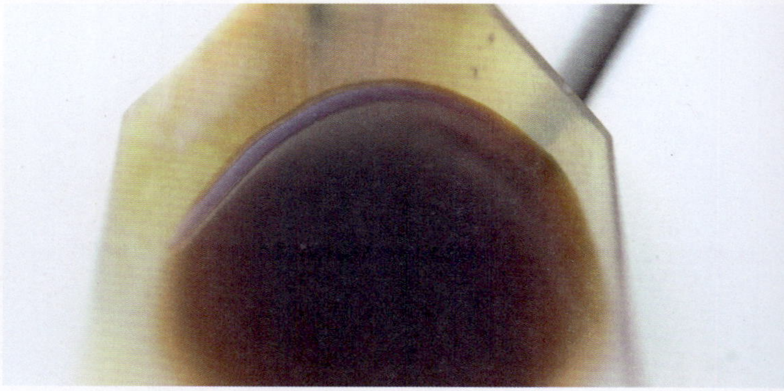

SERVE 2

1 xícara de morangos congelados
¾ de xícara de água gelada
1 colher de sopa de vinagre balsâmico
1 colher de sopa de mel floral, como acácia ou flor de laranjeira

Para decorar
morangos inteiros

Bata os morangos, a água, o vinagre balsâmico e o mel no processador ou liquidificador até obter uma mistura homogênea.

Sirva em copos decorados com os morangos inteiros.

Papaia Agridoce

DURANTE A FASE DE MATURAÇÃO, O MAMÃO PAPAIA SOFRE GRANDES TRANSFORMAÇÕES. A CASCA FICA AMARELA E, POR DENTRO, A POLPA ADQUIRE COLORAÇÃO ROSA ALARANJADA, QUE LEMBRA O PÔR DO SOL.

SERVE 2

250 G DE MAMÃO PAPAIA MADURO
¾ DE XÍCARA DE ÁGUA GELADA
SUCO DE 1 LIMÃO

PARA DECORAR

PEQUENAS FATIAS DE MAMÃO PAPAIA VERDE

Descasque o mamão, remova as sementes e pique a polpa.

Bata o mamão, a água gelada e o suco de limão no liquidificador ou processador até obter uma mistura cremosa e homogênea.

Sirva em copos decorados com as fatias de mamão verde.

Espumante de Uvas

USE UVAS ESCURAS PARA PREPARAR UM REFRESCO CREMOSO E ESPUMANTE.

SERVE 2

- 1 XÍCARA DE UVAS PRETAS, COM OU SEM SEMENTES
- ¾ DE XÍCARA DE ÁGUA MINERAL COM GÁS
- 2 BOLAS DE SORVETE DE LIMÃO

PARA DECORAR

FATIAS DE LIMÃO

Bata as uvas, a água mineral gaseificada e o sorvete de limão no liquidificador ou processador, até obter uma mistura cremosa e fofa.

Sirva em copos decorados com as fatias de limão.

Creme de Cassis e Framboesa

Fresco, simples e prático, excelente bebida para um dia muito quente.

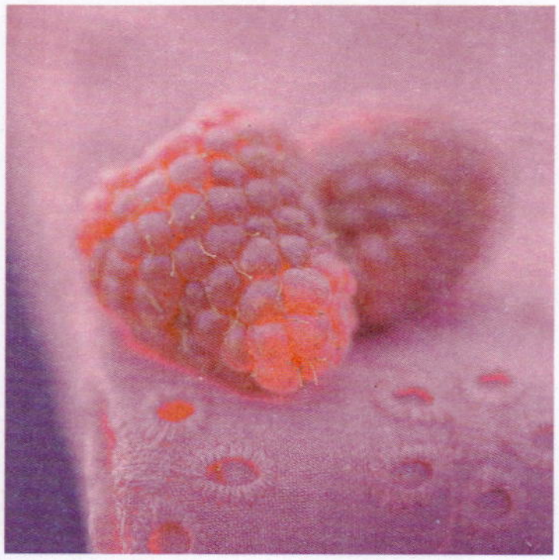

SERVE 2

- ½ xícara de framboesa congelada
- 1 ¾ xícara de água mineral com gás
- 2 bolas de sorvete de cassis

Bata as framboesas e a água mineral gaseificada no processador ou liquidificador até ficar bem homogêneo.

Acrescente metade do sorvete de cassis e bata até misturar bem.

Transfira para os copos e coloque uma bola de sorvete em cada um. Sirva em seguida.

Suco de Laranja Vermelha

A laranja rubi, também chamada laranja sanguínea*, pode ser encontrada *in natura* ou sob a forma de suco industrializado. Aproveite a cor e o sabor inconfundíveis e use-a sem restrições.

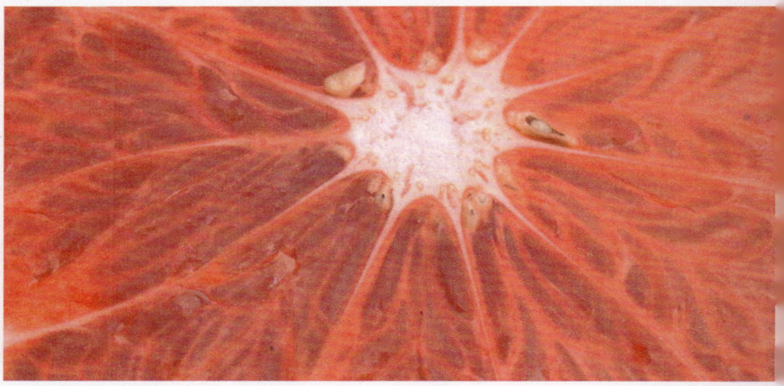

SERVE 2

- 1 xícara de suco de laranja rubi (sanguínea)
- 1 xícara de morango
- ¾ de xícara de framboesa
- ¼ de xícara de água mineral com gás

Bata o suco de laranja, os morangos, as framboesas e a água mineral gaseificada no liquidificador ou processador, até obter um suco cremoso. Passe na peneira para remover as sementes, caso seja sua preferência.

Sirva em copos, com canudos.

* Produzida na Sicília em terra vulcânica, é muito doce e seu sumo é vermelho forte, cor de sangue.

Refresco de Morango com Abacaxi

Suco de abacaxi de caixinha e frutas congeladas combinados para preparar uma bebida rápida e fácil de fazer – sem prejuízo do sabor!

SERVE 2

1 XÍCARA DE MORANGOS CONGELADOS
1 ¼ XÍCARA DE SUCO DE ABACAXI DE CAIXINHA
1 COLHER DE SOPA DE AÇÚCAR REFINADO

Para decorar
PEDAÇOS DE ABACAXI

Bata os morangos, o suco de abacaxi e o açúcar no liquidificador ou processador até obter uma mistura homogênea.

Sirva em copos, decorados com os pedaços de abacaxi.

Pura Energia!

Vitamina de Verão

BEBIDA SAUDÁVEL E DE PREPARO RÁPIDO, ALÉM DE SER DELICIOSA E NUTRITIVA, A VITAMINA PODE SUBSTITUIR UMA REFEIÇÃO OU UM LANCHE RÁPIDO NO COMEÇO DA MANHÃ.

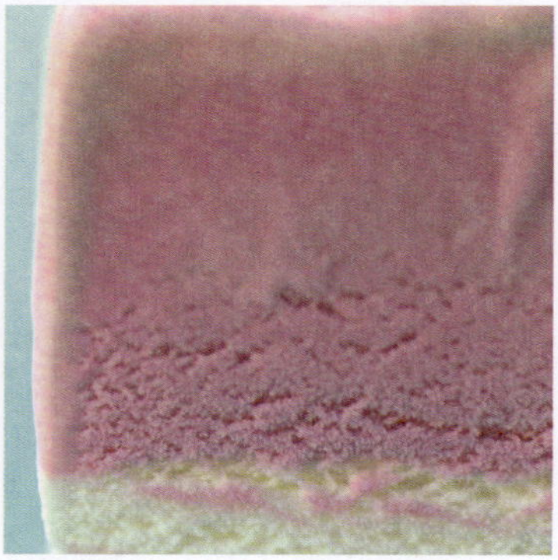

SERVE 2

¾ DE XÍCARA DE MORANGO
¾ DE XÍCARA DE FRAMBOESA
⅜ DE XÍCARA DE BLUEBERRY
1 MARACUJÁ MADURO
⅔ DE XÍCARA DE LEITE

PARA DECORAR
SORVETE DE CREME E MORANGO

Lave os morangos, as framboesas e os blueberries e separe a polpa do maracujá com uma colher. Bata tudo no liquidificador ou processador por 1 minuto. Junte o leite e bata mais um pouco.

Divida entre copos e coloque uma colher de sorvete em cada um.

Vitamina de Manga com Laranja

SUBSTITUA O SORBET* DE MANGA POR SORVETE DE CREME, CASO PREFIRA UMA VITAMINA MAIS ESPESSA. USE MANGA MADURA E PERFUMADA, MACIA AO TOQUE.

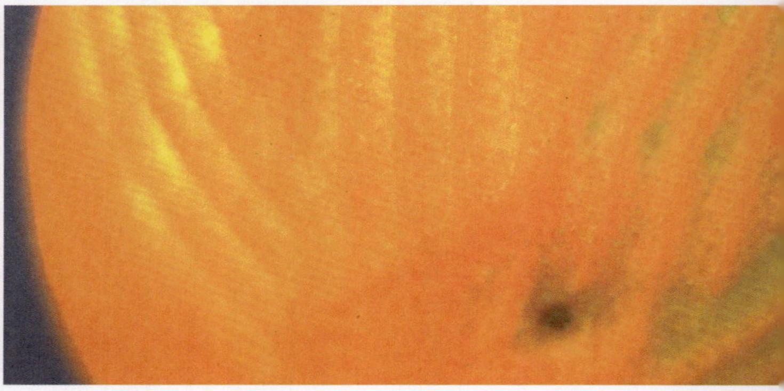

SERVE 2

1 MANGA GRANDE E MADURA
SUCO DE 2 LARANJAS DE TAMANHO MÉDIO
3 COLHERES DE SORVETE DE MANGA

PARA DECORAR
RASPAS DE LARANJA

Apoie a manga em uma tábua e corte uma fatia grossa, no sentido do comprimento, rente ao caroço. Vire a manga e repita a operação. Remova a casca e corte a polpa em pedaços.

Bata a manga, o suco de laranja e o sorvete no liquidificador ou processador até obter uma mistura cremosa.

Sirva, decorado com as raspas de laranja.

---

* A diferença entre sorbet e sorvete é que o primeiro é feito com a polpa da fruta e sem a adição de leite e gordura.

Revitalizante de Pera, Laranja e Gengibre

Bonita e perfumada, acrescida do sabor picante do gengibre, uma bebida que alegra qualquer dia de verão.

SERVE 2

2 PERAS BARTLETT GRANDES E MADURAS (OU OUTRA VARIEDADE COM A MESMA SUCULÊNCIA)
SUCO DE 4 LARANJAS MÉDIAS
4 PEDAÇOS DE GENGIBRE CARAMELIZADO

Descasque as peras e corte em quatro. Remova as sementes. Coloque no liquidificador ou processador e acrescente o suco de laranja e o gengibre. Bata até ficar bem homogêneo.

Transfira para copos e sirva.

Melão Honeydew

O melão honeydew empresta sua textura natural a esse suco de sabor delicado. Para garantir um bom resultado, escolha um melão bem maduro.

SERVE 2

250 G DE MELÃO HONEYDEW
1 ¼ XÍCARA DE ÁGUA MINERAL COM GÁS
2 COLHERES DE SOPA DE MEL

Para decorar
CACHINHOS DE GROSELHA VERMELHA

Corte a casca e a parte branca do melão. Remova as sementes e pique.

Bata o melão, a água mineral e o mel no liquidificador ou processador até misturar bem.

Sirva em copos decorados com os cachinhos de groselha.

Frapê de Frutas Vermelhas

UMA MISTURA DE FRUTAS VERMELHAS PARA UMA BEBIDA INSPIRADORA.

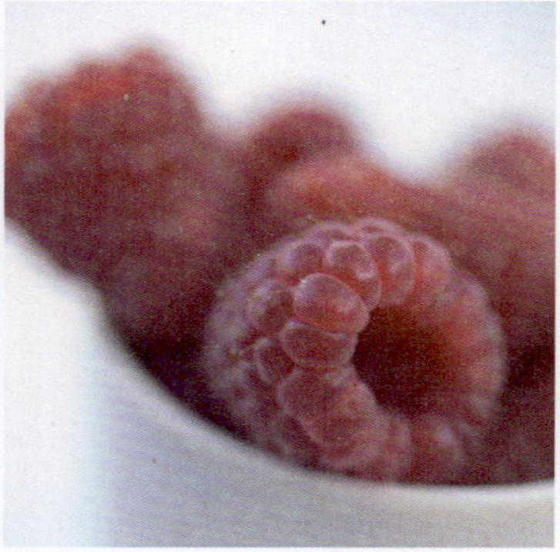

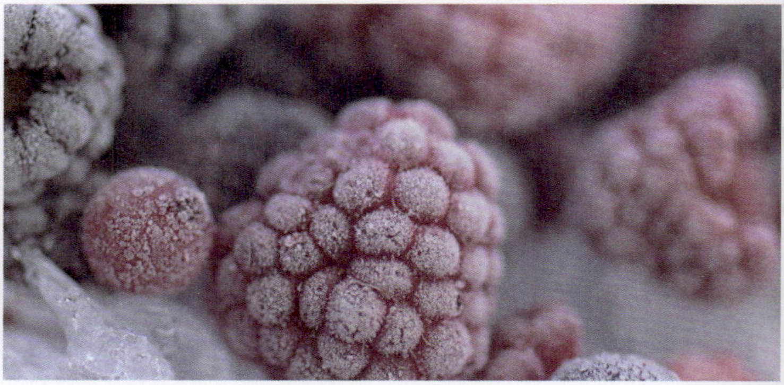

SERVE 2

4 COLHERES DE SOPA DE SUCO DE LARANJA
1 COLHER DE SOPA DE SUCO DE LIMÃO
½ XÍCARA DE ÁGUA MINERAL COM GÁS
2 ⅓ XÍCARAS DE FRUTAS VERMELHAS CONGELADAS (COMO BLUEBERRIES, FRAMBOESAS, AMORAS E MORANGOS)
4 CUBOS DE GELO

Bata o suco de laranja, o suco de limão e a água mineral no liquidificador ou processador até misturar bem.

Adicione as frutas vermelhas e os cubos de gelo e bata até obter um suco cremoso.

Divida em copos e sirva.

Frapê de Frutas Silvestres*

Essa bebida combina os sabores e cores marcantes das frutas vermelhas silvestres.

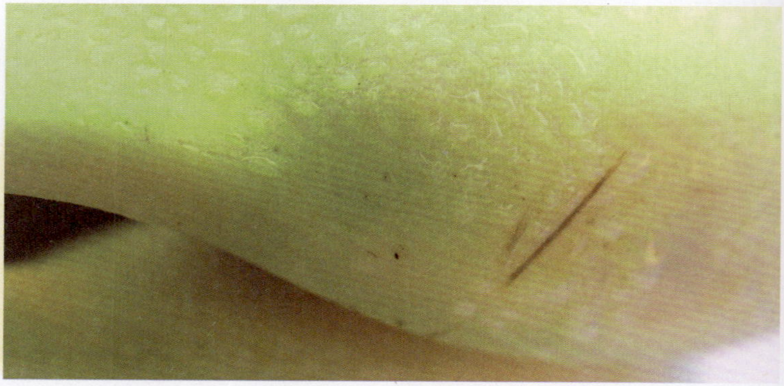

SERVE 2

- 1 ½ xícara de suco de laranja
- 1 banana, congelada e cortada em rodelas
- 3 xícaras de frutas vermelhas congeladas (como amoras, framboesas e blueberries)

Para decorar

fatias de laranja

Bata o suco de laranja, a banana e metade das frutas vermelhas no liquidificador ou processador.

Junte o restante das frutas vermelhas e bata até ficar bem homogêneo. Transfira para copos altos, e decore com uma fatia de laranja espetada na borda.

Sirva com canudos.

* Como são raras em nosso país, utilize as frutas frescas ou congeladas encontradas em quitandas e mercados.

Refresco de Melão

As duas variedades de melão, mais a melancia, compõem uma bebida suave e refrescante, boa para servir em um dia quente de verão.

SERVE 2

1 xícara de iogurte natural
100 g de melão gália, cortado em pedaços
100 g de melão cantaloupe, cortado em pedaços
100 g de melancia cortada em pedaços
6 cubos de gelo triturados

Para decorar
pequenas fatias de melão

Bata o iogurte e o melão gália no processador ou liquidificador até ficar homogêneo.

Acrescente o melão cantaloupe, a melancia e os cubos de gelo e bata até obter um suco cremoso.

Sirva em copos decorados com as fatias de melão.

Limonada Caseira

Um suco clássico e refrescante, sempre apreciado.

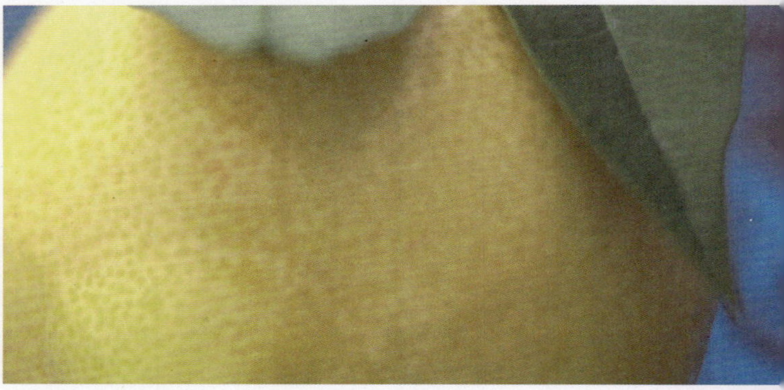

SERVE 2

2/3 DE XÍCARA DE ÁGUA
6 COLHERES DE SOPA DE AÇÚCAR
1 COLHER DE CHÁ DE RASPAS DE LIMÃO
1/2 XÍCARA DE SUCO DE LIMÃO
6 CUBOS DE GELO

Para servir
ÁGUA MINERAL COM GÁS

Para decorar
AÇÚCAR CRISTAL
FATIAS DE LIMÃO

Coloque a água, o açúcar e as raspas de limão em uma panela e deixe levantar fervura, sem parar de mexer. Ferva por 5 minutos, sempre mexendo.

Retire do fogo e deixe esfriar até atingir a temperatura ambiente. Misture o suco de limão e transfira para uma jarra. Cubra com filme plástico e leve à geladeira por 2 horas.

Pouco antes de completar as 2 horas, esfregue um gomo de limão na borda de dois copos. Pressione as bordas sobre o açúcar granulado. Divida o gelo entre os copos.

Retire a calda de limão da geladeira e coloque nos copos. Complete com a água mineral gaseificada. A proporção recomendada é de 1 parte de calda de limão para 3 partes de água mineral. Mexa bem. Polvilhe o açúcar, decore com as fatias de limão e sirva.

Suco Energizante de Cranberry

Rico em benefícios e de sabor agridoce, um suco que ajuda a repor as energias.

Serve 2

1 ¼ xícara de suco de cranberry
½ xícara de suco de laranja
1 xícara de framboesa fresca
1 colher de sopa de suco de limão

Para decorar
raspas e fatias de limão ou de laranja

Bata o suco de laranja e o de cranberry no liquidificador ou processador, para misturar. Acrescente as framboesas e o suco de limão e bata até ficar bem homogêneo.

Sirva em copos decorados com as raspas e as fatias de limão ou laranja.

Cerejinha Azeda

Use a cereja e o líquido da conserva para preparar uma bebida de sabor azedo, muito boa para matar a sede.

SERVE 2

250 g de ginjas* ou cerejas morello, engarrafadas
⅔ de xícara de iogurte desnatado, sem o soro
açúcar a gosto

Para decorar
cerejas espetadas no palito

Bata as cerejas, o líquido da conserva e o iogurte no liquidificador ou processador até ficar bem homogêneo.

Experimente e acrescente açúcar, se necessário.

Sirva em copos decorados com as cerejas no palito.

* Ginja, também conhecida como cereja morello ou amarena, é uma cereja ácida, utilizada principalmente para fins culinários em doces, licores e conservas.

Vitamina de Banana e Maçã

O GENGIBRE E A CANELA EMPRESTAM UM SABOR PICANTE ÀS FRUTAS SEMPRE PRESENTES EM NOSSA ALIMENTAÇÃO. UMA BEBIDA REVIGORANTE, ESPECIALMENTE NAS FRIAS MANHÃS DE INVERNO.

SERVE 2

1 XÍCARA DE SUCO DE MAÇÃ
½ COLHER DE CHÁ DE CANELA EM PÓ
2 COLHERES DE CHÁ DE GENGIBRE FRESCO RALADO
2 BANANAS, CONGELADAS E CORTADAS EM RODELAS

PARA DECORAR

PEDAÇOS DE MAÇÃ ESPETADOS NO PALITO

Bata o suco de maçã, a canela e o gengibre no liquidificador ou processador até misturar bem.

Acrescente as bananas e bata até obter um suco cremoso. Sirva em copos altos, decorados com os pedaços de maçã no palito.

Batida de Cassis

PURA EMOÇÃO! PARA ADULTOS, SUBSTITUA O XAROPE DE GROSELHA PELO LICOR DE CASSIS.

SERVE 2

- ⅔ DE XÍCARA DE GROSELHAS PRETAS (CASSIS) CONGELADAS
- 4 BOLAS DE SORVETE DE CASSIS
- ½ XÍCARA DE CREME AZEDO (SOUR CREAM)
- 2 COLHERES DE SOPA DE XAROPE DE GROSELHA, MAIS A QUANTIDADE PARA REGAR
- 1 COLHER DE SOPA DE ÁGUA
- AÇÚCAR A GOSTO

PARA DECORAR

- ALGUMAS FOLHAS DE HORTELÃ
- AMORAS INTEIRAS

Bata as groselhas pretas, o sorvete, o creme azedo, o xarope de groselha e a água no processador ou liquidificador até obter um suco cremoso. Experimente e acrescente um pouco de açúcar, se necessário.

Transfira para copos. Regue com um pouco do xarope, enfeite com as folhas de hortelã e as amoras e sirva.

Frapê Gelado de Kiwi

Escolha o sorvete de sua preferência: o de morango, para obter um contraste de cores, ou o de limão para seguir no mesmo tom. Com qualquer um dos dois ficará delicioso.

SERVE 2

4 kiwis maduros, sem a casca e cortados em quatro
¾ de xícara de limonada caseira (ver p. 160)

Para decorar
2 bolas de sorvete de morango ou limão

Bata o kiwi e a limonada no liquidificador ou processador, até obter um suco cremoso.

Transfira para copos e coloque uma colher de sorvete em cada um.

Sirva em seguida.

Tango Abacaxi

SUCO REFRESCANTE, QUE ACABA COM A SEDE E RESTAURA AS ENERGIAS.

SERVE 2

- ½ XÍCARA DE SUCO DE ABACAXI
- SUCO DE 1 LIMÃO
- ½ XÍCARA DE ÁGUA
- 3 COLHERES DE SOPA DE AÇÚCAR MASCAVO
- ¾ DE XÍCARA DE IOGURTE NATURAL
- 1 PÊSSEGO, CONGELADO E CORTADO EM PEDAÇOS
- ¾ DE XÍCARA DE ABACAXI EM PEDAÇOS, CONGELADO

PARA DECORAR

PEDAÇOS DE ABACAXI FRESCO

Bata o suco de abacaxi, o suco de limão, a água, o açúcar e o iogurte no liquidificador ou processador até misturar bem.

Acrescente os pedaços de pêssego e de abacaxi e bata até ficar homogêneo.

Sirva em copos, com os pedaços de abacaxi apoiados na borda.

Beijo de Cerejas

Uma boa opção, sem álcool, para servir em festas. Um drink bonito e gostoso.

SERVE 2

8 CUBOS DE GELO TRITURADOS
2 COLHERES DE SOPA DE XAROPE DE CEREJA
2 XÍCARAS DE ÁGUA MINERAL COM GÁS

Para decorar
CEREJAS AO MARASCHINO ESPETADAS EM MEXEDORES PARA COQUETÉIS

Divida o gelo entre dois copos e acrescente o xarope de cereja.

Complete com a água com gás e coloque um mexedor com a cereja em cada copo.

Espuma de Uvas Brancas com Flor de Sabugueiro

USE UVAS BRANCAS DA VARIEDADE MOSCATEL PARA ACENTUAR O DELICADO SABOR FLORAL DESTE SUCO.

SERVE 2

- ½ XÍCARA DE UVAS BRANCAS, COM OU SEM SEMENTES
- ¾ DE XÍCARA DE ÁGUA MINERAL COM GÁS
- 2 BOLAS DE FROZEN IOGURTE NATURAL
- 1 ½ COLHER DE SOPA DE XAROPE DE FLOR DE SABUGUEIRO

PARA DECORAR

UVAS BRANCAS

Bata as uvas, a água mineral, o frozen iogurte e o xarope de flor de sabugueiro no liquidificador ou processador até obter um suco cremoso.

Divida em copos, junte algumas uvas e sirva.

Vitamina de Pera e Flor de Sabugueiro

EXPERIMENTE ESSA VITAMINA NO FINAL DA PRIMAVERA OU COMEÇO DO VERÃO, ÉPOCA DA FLORADA DO SABUGUEIRO.

SERVE 2

- 4 PERAS PEQUENAS FIRMES
- 2 MAÇOS DE FLOR DE SABUGUEIRO RECÉM-COLHIDAS (OU 1 DOSE DE XAROPE DE FLOR DE SABUGUEIRO)
- 1 TIRA DE CASCA DE LIMÃO
- 1 COLHER DE SOPA DE AÇÚCAR MASCAVO
- 4 COLHERES DE SOPA DE ÁGUA
- ¾ DE XÍCARA DE LEITE

PARA ACOMPANHAR

BISCOITOS LÍNGUA DE GATO*

Descasque as peras, corte em quatro e remova as sementes. Coloque em uma panela e adicione as flores de sabugueiro ou o xarope, a tira de limão, o açúcar e a água. Tampe bem e cozinhe em fogo baixo até que as peras fiquem macias. Deixe esfriar.

Depois de frio, retire as flores de sabugueiro e a tira de limão. Bata as peras, o líquido do cozimento e o leite no processador ou liquidificador até obter uma mistura cremosa.

Sirva em seguida, acompanhado das línguas de gato.

* Biscoito seco, usado em mousses, tortas e pavês.

Figo Batido com *Maple Syrup*

Vale a pena experimentar essa bebida deliciosa e de sabor marcante e sofisticado.

SERVE 2

- 1 ½ xícara de iogurte natural
- 2 colheres de sopa de suco de laranja espremido na hora
- 4 colheres de sopa de *maple syrup*
- 8 figos grandes e maduros, picados
- 6 cubos de gelo triturados

Para decorar

avelãs torradas picadas

Bata o iogurte, o suco de laranja e o *maple syrup* no liquidificador ou processador até misturar bem.

Adicione os figos e os cubos de gelo e bata até obter um suco cremoso.

Divida em copos, salpique com as avelãs e sirva.

Nêspera e Chá-Verde

O SABOR MARCANTE DO CHÁ-VERDE É PAR PERFEITO PARA A AMEIXA DE COR DOURADA, A NÊSPERA. EM DIAS MAIS FRIOS, ESTA É UMA BEBIDA QUE PODE SER SERVIDA MORNA.

SERVE 2

- 1 SAQUINHO DE CHÁ-VERDE COM ESPECIARIAS ORIENTAIS (MARCA DE SUA PREFERÊNCIA)
- 1 ¼ XÍCARA DE ÁGUA FERVENTE
- 1 COLHER DE SOPA DE AÇÚCAR
- ⅔ DE XÍCARA DE NÊSPERAS MADURAS, CORTADAS AO MEIO E SEM CAROÇO

Coloque o saquinho de chá em um bule ou recipiente apropriado e adicione a água fervente. Deixe em infusão por 7 minutos. Remova o saquinho e deixe esfriar.

Bata o chá frio, o açúcar e as nêsperas no liquidificador ou processador até obter uma mistura homogênea.

Sirva em seguida.

Super Agito!

Milkshake de Chocolate

Favorito das crianças e dos chocólatras, uma bebida que satisfaz.

SERVE 2

⅔ de xícara de leite
2 colheres de sopa de calda de chocolate
400 g de sorvete de chocolate

Para decorar
raspas de chocolate

Bata o leite e a calda de chocolate no liquidificador ou processador até misturar bem.

Junte o sorvete de chocolate e bata até obter uma mistura cremosa. Sirva em copos altos, polvilhado com as raspas de chocolate.

Milkshake Picante de Bananas

COMBINAÇÃO CARIBENHA DE FRUTAS E ESPECIARIAS QUE SURPREENDE O PALADAR.

SERVE 2

1 ¾ XÍCARA DE LEITE
½ COLHER DE CHÁ DE PIMENTA-DA--JAMAICA
150 G DE SORVETE DE BANANA
2 BANANAS, CONGELADAS E CORTADAS EM RODELAS

Para decorar

1 PITADA DE PIMENTA-DA-JAMAICA

Coloque o leite no liquidificador ou processador. Adicione a pimenta-da-jamaica e metade do sorvete de banana. Bata até misturar bem, acrescente o restante do sorvete e bata mais um pouco.

Depois de bem misturado, adicione as bananas em rodelas e bata até ficar homogêneo.

Divida em copos, salpique com uma pitada de pimenta-da-jamaica e sirva.

Milkshake de Morango com Creme

Um milkshake sem igual! Esqueça as caldas e xaropes artificiais e experimente o verdadeiro milkshake de morango, com sabor frutado fantástico. As folhas frescas de hortelã dão um toque de cor.

SERVE 2

1 xícara de morangos congelados
½ xícara de creme de leite light
¾ de xícara de leite gelado
1 colher de sopa de açúcar refinado

Para decorar
folhas de hortelã

Bata os morangos, o creme de leite, o leite e o açúcar no liquidificador ou processador até obter uma mistura cremosa.

Sirva em copos decorados com as folhas de hortelã.

Milkshake de Nectarina Aveludado

A MANGA E A NECTARINA FORMAM UMA PARCERIA INSPIRADA, QUE FICA AINDA MELHOR COM O SORBET DE LIMÃO.

SERVE 2

- 1 XÍCARA DE LEITE
- 350 G DE SORBET DE LIMÃO
- 1 MANGA MADURA, SEM CASCA E SEM CAROÇO, PICADA
- 2 NECTARINAS MADURAS, SEM CAROÇO E PICADA

PARA DECORAR

GOMOS DE NECTARINA BEM FINOS

Coloque o leite no liquidificador ou processador, adicione metade do sorvete de limão e bata até misturar bem. Junte o restante do sorvete e bata mais um pouco.

Depois de bem misturado, acrescente a manga e a nectarina e bata até ficar bem homogêneo.

Sirva em copos decorados com os gominhos de nectarina.

Tormenta Tropical

Restaure as energias com este milkshake tropical de sabor exuberante.

SERVE 2

- 1 xícara de leite
- ½ xícara de leite de coco
- 150 g de sorvete de creme
- 2 bananas congeladas e cortadas em rodelas
- 1 ½ xícara de abacaxi em pedaços enlatado, sem a calda
- 1 mamão papaia, sem casca e sem sementes, picado

Bata o leite e o leite de coco no liquidificador ou processador até misturar bem.

Adicione metade do sorvete e bata mais um pouco; em seguida, acrescente o restante do sorvete e continue batendo até obter uma mistura cremosa.

Junte as bananas, bata e acrescente o mamão papaia e o abacaxi e continue batendo até ficar bem homogêneo.

Sirva em copos altos, salpicado com o coco ralado.

Para decorar

coco fresco ralado

Delícia de Pêssego

FRUTAS VARIADAS HARMONIZAM COM O PÊSSEGO NESTE MILKSHAKE FRUTADO MARAVILHOSO.

SERVE 2

¾ DE XÍCARA DE LEITE
1 XÍCARA DE PÊSSEGOS EM LATA, SEM A CALDA E CORTADOS EM FATIAS
2 DAMASCOS FRESCOS, PICADOS
2 ⅔ XÍCARAS DE MORANGOS FRESCOS, CORTADOS EM FATIAS
2 BANANAS CONGELADAS E CORTADAS EM RODELAS

PARA DECORAR

PEDAÇOS DE NECTARINA, MORANGO E BANANA ESPETADOS NO PALITO

Coloque o leite no liquidificador ou processador, junte o pêssego e bata até misturar bem. Junte os damascos e bata mais um pouco.

Acrescente os morangos e as bananas e bata até ficar bem homogêneo.

Sirva em copos decorados com os pedaços de fruta no palito.

Shake Perfeito de Ameixas

Shake de frutas, de sabor marcante e acentuado, ótima opção para servir em dias de temperatura mais amena, no final do verão.

SERVE 2

250 G DE AMEIXAS MADURAS
¾ DE XÍCARA DE ÁGUA
1 COLHER DE SOPA DE AÇÚCAR MASCAVO
4 BOLAS DE FROZEN IOGURTE, SABOR NATURAL, OU DE SORVETE DE CREME
2 BISCOTTI* DE AMÊNDOAS OU DE PISTACHE ESFARELADOS

Para acompanhar

BISCOTTI ESFARELADOS

Para decorar

1 AMEIXA, CORTADA AO MEIO

Coloque as ameixas, a água e o açúcar em uma panela pequena. Tampe bem e cozinhe em fogo baixo por cerca de 15 minutos ou até que as ameixas rachem e fiquem bem macias. Deixe esfriar.

Coe o líquido do cozimento no liquidificador ou processador e acrescente o frozen iogurte ou o sorvete. Bata até obter um creme fofo.

Divida entre copos, com as ameixas, inteiras ou cortadas ao meio, espetadas na borda. Salpique os farelos de biscotti e sirva, acompanhado de uma tigelinha com mais biscotti esfarelados.

---

* Biscoito seco e crocante, de origem italiana. O nome é, na verdade, o plural de biscotto, que significa assado duas vezes. Pode ser encontrado em padarias e confeitarias.

Milkshake de Framboesa com Leite de Arroz*

MILKSHAKE SEM PRODUTOS DE ORIGEM ANIMAL, SEM COLESTEROL E SEM LACTOSE, OU SEJA, SEM PROBLEMAS! O LEITE DE ARROZ DEVE SER MANTIDO EM GELADEIRA PARA PRESERVAR O SABOR. PODE SER SUBSTITUÍDO PELO LEITE DE SOJA, PORÉM TEM GOSTO MAIS AGRADÁVEL.

SERVE 2

¾ DE XÍCARA DE FRAMBOESAS CONGELADAS
1 ¼ XÍCARA DE LEITE DE ARROZ OU DE SOJA

Bata as framboesas e metade do leite de arroz no liquidificador ou processador até ficar homogêneo.

Coe em uma jarra, acrescente o restante do leite e mexa suavemente para obter um efeito marmorizado.

Sirva em copos.

* Alternativa ao leite, não contém glúten nem lactose; o leite de arroz industrializado é importado. Pode ser preparado em casa. Sugestão de receita: Deixe de molho por oito a dez horas dois copos cheios de arroz. Leve ao fogo com o dobro de água. O arroz deve ficar ao fogo sob a medida da mão, ou seja, assim que a mão não suportar mais o calor, é hora de desligar e abafar. Bata e coe várias vezes seguidas. Rende meio litro de leite.

Shake de Banana com Café

Energético excelente e saboroso, ideal para quem leva uma vida ativa.

SERVE 2

- 1 ¼ xícara de leite
- 4 colheres de sopa de café solúvel
- 150 g de sorvete de creme
- 2 bananas congeladas e cortadas em rodelas

Bata o leite e o café solúvel no liquidificador ou processador, em velocidade baixa, até misturar. Junte metade do sorvete de creme e bata mais um pouco.

Acrescente o restante do sorvete e bata até ficar homogêneo.

Depois de bem misturado, adicione as bananas e bata até obter uma mistura cremosa. Sirva em copos.

Espuma de Ameixas

Use ameixas bem maduras para obter um shake frutado bem cremoso e espumante. As mais escuras vão acrescentar mais cor.

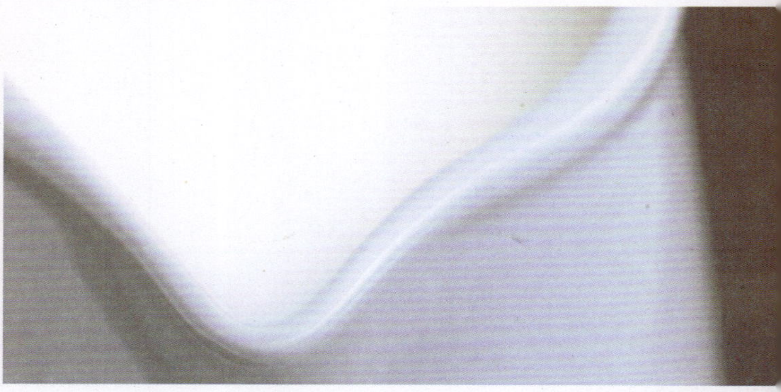

SERVE 2

4 AMEIXAS MADURAS, DE TAMANHO MÉDIO, SEM CAROÇO
¾ DE XÍCARA DE LEITE GELADO
2 BOLAS DE SORVETE DE CREME

Para acompanhar

BISCOITOS DE AVEIA EM FARELOS

Bata as ameixas, o leite e o sorvete no liquidificador ou processador até obter uma mistura cremosa e espumante.

Sirva em copos, acompanhado de uma tigelinha com biscoito de aveia esfarelado.

Milkshake de Pêssego com Laranja

Uma combinação sofisticada de frutas, que restaura, reanima e refresca.

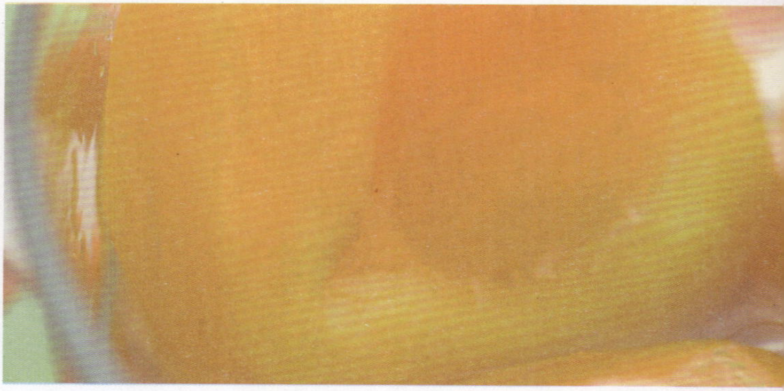

SERVE 2

½ xícara de leite
½ xícara de iogurte de pêssego
½ xícara de suco de laranja
1 xícara de pêssego em lata, cortado em fatias e sem a calda
6 cubos de gelo triturados

Para decorar
raspas de laranja

No liquidificador ou processador bata o leite, o iogurte e o suco de laranja até misturar bem.

Junte o pêssego e o gelo e bata até obter uma mistura cremosa. Sirva em copos, decorados com as raspas de laranja.

Milkshake Preto e Branco

Uma parceria tradicional, chocolate com cerejas, que pode ser servida como sobremesa. Bata chocolate branco com cerejas e enfeite com raspas de chocolate amargo.

SERVE 2

- ¾ de xícara de cerejas escuras
- 3 bolas de sorvete de chocolate branco
- ⅔ de xícara de leite

Corte as cerejas ao meio e retire o caroço. Bata no liquidificador ou processador até obter um purê.

Acrescente o sorvete e o leite e bata até misturar bem.

Sirva em copos.

Milkshake Cremoso com *Maple Syrup*

UMA PARCERIA DE SABORES DELICADOS, MESCLANDO AMÊNDOAS E *MAPLE SYRUP*.

SERVE 2

⅔ DE XÍCARA DE LEITE
2 COLHERES DE SOPA DE *MAPLE SYRUP*
400 G DE SORVETE DE CREME
1 COLHER DE SOPA DE ESSÊNCIA DE AMÊNDOAS

PARA DECORAR
AMÊNDOAS PICADAS

Bata o leite e o *maple syrup* no liquidificador ou processador até misturar bem.

Junte o sorvete e a essência de amêndoas e bata até ficar cremoso.

Transfira para copos, salpique as amêndoas picadas e sirva.

Shake de Limão e Kiwi

BEBIDA MARAVILHOSAMENTE REFRESCANTE, DE SABOR AGRIDOCE E BOA FONTE DE VITAMINA C.

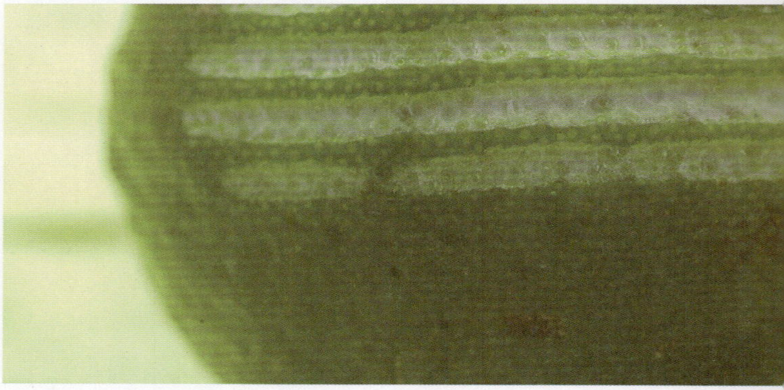

SERVE 2

⅔ DE XÍCARA DE LEITE
SUCO DE 2 LIMÕES
2 KIWIS PICADOS
1 COLHER DE SOPA DE AÇÚCAR
400G DE SORVETE DE CREME

PARA DECORAR

FATIAS DE KIWI
RASPAS DE LIMÃO

Bata o leite e o suco de limão no liquidificador ou processador até misturar bem.

Acrescente o kiwi e o açúcar e bata mais um pouco. Junte o sorvete e bata até ficar cremoso.

Transfira para copos e decore com as fatias de kiwi e as raspas de limão.

Sirva em seguida.

Shake Refrescante de Hortelã

UMA SURPREENDENTE SENSAÇÃO DE QUENTE E FRIO NUM SHAKE DE HORTELÃ REVIGORANTE.

SERVE 2

⅔ DE XÍCARA DE LEITE
2 COLHERES DE XAROPE DE MENTA
400 G DE SORVETE DE MENTA

PARA DECORAR
RAMINHOS DE HORTELÃ FRESCA

Bata o leite e o xarope de menta no liquidificador ou processador até misturar bem.

Adicione o sorvete de menta e bata até ficar cremoso.

Sirva em copos decorados com os raminhos de hortelã.

Creme de Coco

Uma vitamina que lembra férias na praia, revigorante e faz bem para o humor.

SERVE 2

1 ½ xícara de suco de abacaxi
⅓ de xícara de leite de coco
150 g de sorvete de creme
1 xícara de abacaxi congelado, em pedaços

Para decorar

2 colheres de sopa de coco fresco ralado

Para servir

2 cascas de coco, limpas (opcional)

Bata o suco de abacaxi, o leite de coco e o sorvete de creme no liquidificador ou processador até ficar homogêneo.

Adicione os pedaços de abacaxi e bata até desmanchar bem.

Transfira a vitamina para as cascas de coco ou para copos altos e salpique o coco ralado.

Coloque canudos e sirva.

Shake Espumante

Uma tentação para as crianças, pelo sabor e pelo aspecto borbulhante!

Pode ser preparado com xaropes e refrigerantes de outros sabores.

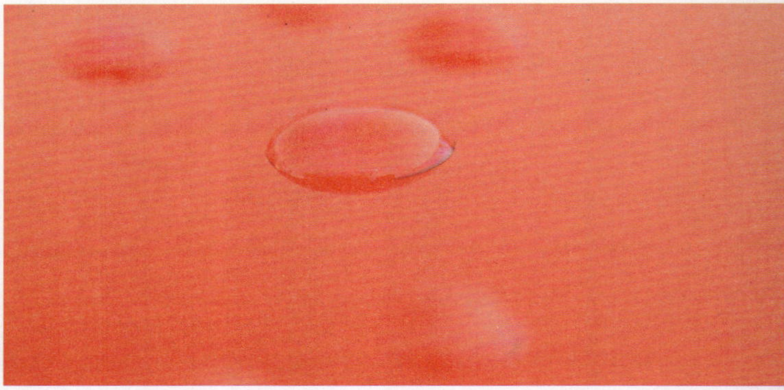

SERVE 1

- 2 bolas de sorvete de creme
- 1 dose de xarope de limão
- refrigerante de sabor cola
- gelo

Bata o sorvete, o xarope de limão e o refrigerante, por 5-10 segundos no liquidificador.

Transfira para um copo com gelo e complete com mais refrigerante.

Beba com um canudo.

Shake Mocha

A COMBINAÇÃO DIVINA DE CAFÉ E CHOCOLATE FICA AINDA MELHOR COM A ADIÇÃO DE CREME DE LEITE BATIDO.

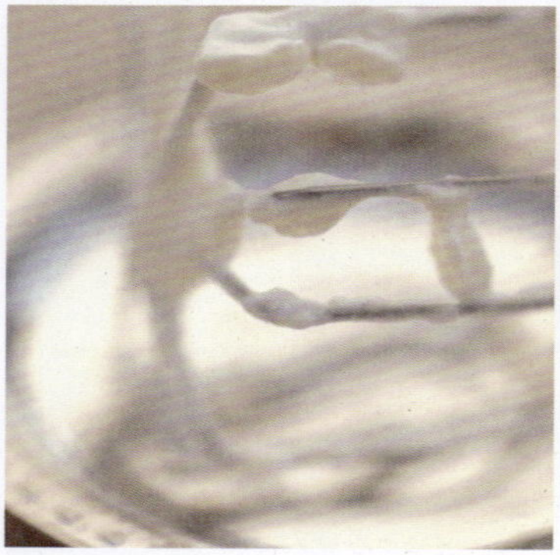

SERVE 2

¾ DE XÍCARA DE LEITE
¼ DE XÍCARA DE CREME DE LEITE LIGHT
1 COLHER DE SOPA DE AÇÚCAR MASCAVO
2 COLHERES DE SOPA DE CHOCOLATE EM PÓ SEM AÇÚCAR
1 COLHER DE SOPA DE CAFÉ SOLÚVEL
6 CUBOS DE GELO

PARA DECORAR

CREME DE LEITE BATIDO PARA CHANTILLY
RASPAS DE CHOCOLATE

Bata o leite, o creme e o açúcar no liquidificador ou processador até misturar bem.

Acrescente o chocolate em pó e o café solúvel e bata mais um pouco. Em seguida, junte o gelo e bata até obter uma mistura cremosa.

Transfira a mistura para copos. Coloque uma colherada de chantilly em cada copo, polvilhe as raspas de chocolate e sirva.

Café Gelado com Raspas de Chocolate

Uma deliciosa bebida com café e um toque de menta e cobertura de chocolate.

SERVE 2

1 ¾ xícara de leite
¾ de xícara de xarope de café*
½ xícara de xarope de menta
1 colher de sopa de folhas de hortelã frescas picadas
6 cubos de gelo triturados

Para decorar
raspas de chocolate
raminhos de hortelã fresca

Bata o leite, o xarope de café e o xarope de menta no liquidificador ou processador até ficar homogêneo.

Junte as folhas de hortelã e os cubos de gelo e bata até obter uma mistura cremosa.

Transfira para copos. Salpique com as raspas de chocolate, decore com as folhas frescas de hortelã e sirva.

* O xarope de café pode ser encontrado em lojas de alimentos importados. Caso não encontre, experimente esta receita: ferva 100 g de açúcar em 100 ml de água e mantenha no fogo até que o açúcar dissolva. Retire do fogo e misture 2 g de café solúvel, mexendo até desmanchar bem. Use em seguida.

índice